Mes services secrets

Vienne, Sophia, Constantinople, Nish, Belgrade, Asie Mineure, etc.

L'homme qui a dîné avec le Kaiser

Writat

Cette édition parue en 2024

ISBN : 9789361465307

Publié par
Writat
email : info@writat.com

Contenu

CHAPITRE I

INTRODUCTION

« Aviez-vous peur ? » – À propos de moi – La guerre me
trouve en Angleterre – La machine de guerre allemande –
Mes voyages – Le système d'espionnage allemand – Mes
trois voyages – Je deviens ouvrier chez Krupp – Je voyage
en chocolat – Mon voyage le plus important — Les risques
— Les preuves — Ma réception en Angleterre.

Je ne suis pas un espion, et je tiens à le préciser clairement ; Je suis journaliste
et j'aime mon métier. J'aime également l'aventure et le sport, le plus grand
sport du monde, dans lequel l'enjeu est la vie du joueur.

"As-tu déjà eu peur ?" me demandait récemment une jeune et charmante
Anglaise.

"Effrayé!" J'ai répondu. "Écouter! Imaginez-vous avec deux cartes sur votre
peau, chacune indiquant des bases sous-marines allemandes, des ouvrages
militaires, etc. Ensuite, vous êtes interrogé par une demi-douzaine d'officiers
des services secrets allemands . La moindre hésitation, le moindre hésitation
dans une réponse et, d'un mouvement de la main, deux soldats allemands
vous emmènent dans une pièce voisine, vous déshabillent et... dix minutes
plus tard vous êtes mort.

La jeune fille rougit : dans mon sérieux j'avais oublié. Oui! J'ai eu peur à
plusieurs reprises ; pourtant, avec mon instinct de joueur, j'ai continué le jeu
qui , tôt ou tard, se terminera probablement par un petit épisode dans lequel
les protagonistes seront moi-même et un groupe de tireurs, quelque part dans
le pays ennemi.

Je suis citoyen d'un pays neutre. Les hauts placés qu'il s'agit savent tout sur
moi, ont vu mes passeports, examiné ce qui reste de mon billet du Balkan
Express avec la perforation « 18-1-16 », et peuvent témoigner de la chaîne de
documents que je possède, depuis dont aucun maillon ne manque, que j'ai
effectivement été là où je dis être.

Lorsque la guerre éclata, je me trouvai en Angleterre et je vis immédiatement
dans cette terrible lutte de grandes possibilités pour moi. J'ai vingt-six ans et
je parle, outre ma langue maternelle, l'anglais, l'allemand, le français et le
flamand. J'avais vécu en Angleterre avant que la guerre n'éclate et j'ai appris
à l'aimer juste après mon propre pays. J'avais hâte de contribuer à cette
grande lutte et j'étais déterminé à essayer d' en apprendre le plus possible sur
la grande machine de guerre allemande. Depuis douze mois , je me suis
consacré à cette tâche intéressante, visitant Francfort, Hanau, Neuwied,

Essen (et d'autres villes d'Allemagne), Vienne, Buda Pesth , Bucarest, Sofia, Constantinople, Brasso , Rustchouk , Andrinople, Nish, Belgrade, Konia (Asie Mineure), etc. J'ai d'ailleurs prouvé que le système d'espionnage allemand n'est pas aussi parfait que beaucoup le pensent dans ce pays.

Au total, j'ai fait trois visites dans les pays ennemis, chaque fois sous le même nom, mais en exerçant un métier ou une profession différente. Au début, j'étais ouvrier et j'ai traversé la frontière avec des vêtements sans vergogne et avec très peu d'obstacles en matière de bagages. J'ai déclaré être foreur d'acier, ayant une très légère expérience dans ce métier, acquise dans le but de ma visite. C'est sous cette forme que j'ai pénétré dans le Saint des Saints allemand, les célèbres usines Krupp d'Essen. J'y ai travaillé pendant quelques jours, jusqu'à ce qu'on découvre à quel point j'étais un ouvrier exécrablement mauvais. Un licenciement sommaire et ignominieux a suivi, mais jamais homme n'a pris son licenciement moins à cœur que moi . J'avais rassemblé des informations intéressantes et précieuses et j'avais vu beaucoup de choses remarquables. C'était en mars 1915, même si le récit ne fut publié qu'en février 1916, la censure ayant interdit la parution de mon histoire dans la presse, sans doute pour de très bonnes raisons.

Mon prochain voyage fut à Constantinople en tant que voyageur de commerce représentant une entreprise de chocolat dans un pays neutre. A cette occasion, j'ai interviewé le capitaine von Hersing et j'ai entendu de sa propre bouche le récit de son merveilleux voyage à bord d'un sous-marin allemand (U51) de Wilhelmshaven à Constantinople. J'ai également obtenu beaucoup d' informations qui ont été publiées à l'époque. Ce voyage a été effectué en juin 1915.

Mon troisième voyage a été de loin le plus réussi. C'est ce que j'ai fait en tant que journaliste, apparemment au nom d'un grand journal neutre, mais en réalité pour *le Daily Mail* . On comprendra aisément que ces voyages exigeaient une prévoyance très minutieuse. Cela semble si simple sur le papier, mais en réalité, cela demande beaucoup d'énergie et une préparation très minutieuse et astucieuse. Une erreur, un mot imprudent, et les soupçons naissent, avec, selon toute probabilité, une issue fatale. J'ai commencé à comprendre quels doivent être les sentiments d'un soldat partant au combat. Lorsqu'il s'enrôle, il pense à tous les dangers avec détachement et regrette d'avoir laissé derrière lui ceux qui lui sont chers, mais dès qu'il est au cœur du combat, il oublie tout sauf le choc de la bataille ; donc c'était avec moi.

Lors de mon troisième voyage, je savais qu'à tout moment je pourrais être reconnu par l'un des innombrables espions allemands qui semblent surgir de partout. J'étais pourtant déterminé à aller jusqu'au bout et, une fois en pays ennemi, ma nervosité semblait disparaître.

Il ne faut pas oublier que personne ne pourrait entreprendre des voyages comme le mien en temps de guerre sans l'aide d'hommes éminents et influents à l'étranger, et je désire adresser des remerciements très insuffisants à de nombreux diplomates éminents des pays neutres, sans l' aide inestimable desquels j'ai n'aurait pas pu franchir la frontière autrichienne ni, ce qui est bien plus important, retourner en Angleterre.

Je m'attendais à ce que mes aventures soient remises en question, car elles doivent paraître si extraordinaires lorsqu'elles sont lues dans un pays où les services secrets allemands sont considérés comme absolument infaillibles . Bien loin que cela soit le cas, j'ai reçu des lettres de toutes sortes de personnes me félicitant de mon retour, et aucun doute n'a été soulevé d'aucun côté. J'étais prêt à affronter le scepticisme avec des documents que personne ne pouvait réfuter.

Cela a également été pour moi une grande satisfaction de savoir que mes découvertes et les informations que j'ai accumulées ont été utiles aux Alliés, avec lesquels j'ai toute la sympathie. J'ai également eu la satisfaction de lire dans des journaux neutres et anglais que certains des agents des services secrets les plus fiables et les plus efficaces du Kaiser ont été licenciés et *leurs aides de camp* suspendus.

Je n'ai reçu que de la gentillesse de la part de nombreux Anglais distingués et remarquables. Ils ont examiné mes épreuves, non avec suspicion, mais avec le plus vif intérêt possible, et ils m'ont embarrassé de leurs félicitations. Ma réponse invariable à ces touchants hommages a été que je dois beaucoup à l'Angleterre ; elle m'a donné de nombreux amis et m'a montré une grande hospitalité, et si quelque chose que j'ai fait peut l'aider le moins du monde, je me considérerai toujours comme une personne privilégiée.

CHAPITRE II

VIENNE EN TEMPS DE GUERRE

Je pars pour le pays ennemi - L' esprit officiel allemand - Retourné à la frontière - L'arrivée à Vienne - Le gentil Hofrat - La haine des Anglais - Une ville soumise - Les difficultés - Le fléau caché - Le bilan de la guerre - Les terribles pertes de l'Autriche —Le tragique 28e régiment— «M. Wu" à Vienne – Anglais internés.

C'est dans les premiers jours de novembre 1915 que j'eus l'idée de faire un nouveau voyage en Turquie. De diverses sources, j'avais entendu dire que les Allemands, en collaboration avec les Turcs, se préparaient à leur grande attaque très médiatisée contre l'Égypte. J'ai décidé de découvrir s'ils planifiaient sérieusement cette aventure, ou s'il s'agissait simplement de « bluff » à des fins politiques. Mes dispositions ont été soigneusement prises , car tout le résultat d'une expédition comme celle-ci dépend des précautions prises au départ. Je suis d'abord allé dans un pays neutre où, quelques années auparavant, j'avais travaillé comme journaliste. Je n'ai pas eu beaucoup de difficultés à obtenir du journal auquel j'avais été lié des papiers et des lettres de créance dans lesquelles il était indiqué que j'agissais comme envoyé spécial de ce journal.

Après mûre réflexion, je décidai de la route la plus courte vers la Turquie, qui me mènerait à travers l'Allemagne, l'Autriche, la Roumanie et la Bulgarie, et je fis mes plans en conséquence. J'ai cependant échoué dans mon objectif. Dans la ville d' Emmerich , à la frontière allemande, j'ai été informé par les fonctionnaires que mes papiers n'étaient pas satisfaisants. Au début, je fus quelque peu perplexe, sachant le soin que j'avais pris à me procurer tout ce qui était nécessaire, mais je découvris bientôt quel était réellement le problème. Sur mon passeport, mon nom était écrit avec un « i », alors que sur ma carte d'envoyé spécial, il était écrit avec un « y ». Je crois sincèrement que l'esprit méticuleux des fonctionnaires allemands refuserait d'admettre le porteur d'un passeport dans lequel une virgule figurerait à la place de deux points.

J'ai fait tout mon possible pour convaincre les policiers que l'erreur était insignifiante et que j'étais un *véritable* journaliste. Après de nombreuses discussions et de vives protestations de ma part, je fus autorisé à me rendre à Munich ; mais mes papiers m'ont été retirés et on m'a dit que je devais les demander dans cette ville à la Kommandantur .

Convaincu que tout était désormais arrangé de manière satisfaisante , j'ai repris mon voyage. Lorsque nous sommes arrivés à Düsseldorf, j'ai réalisé que mon nom était appelé à haute voix depuis le quai. Pendant un instant, j'ai été saisi d'une peur soudaine que mon association avec un journal anglais ait été découverte et que des problèmes se préparent ; mais je me suis vite remis. Lorsque le chef de gare, un lieutenant et deux soldats - rien de moins que cette imposante démonstration de force satisferait l'esprit officiel allemand - se présentèrent à la porte de mon compartiment, j'avouai mon identité et on me dit aussitôt que je devais quitter le train, et en outre, que je ne serais autorisé à poursuivre mon voyage que lorsque mes papiers seraient parfaitement en règle. Le résultat de cet incident fut que j'ai été obligé de retourner à la frontière, tout cela à cause d'un employé du consulat négligent qui utilisait un « i » pour un « y ».

J'ai trouvé que c'était beaucoup trop risqué de faire la correction et de recommencer. J'avais acquis quelques connaissances en psychologie officielle allemande. Sachant que les autorités autrichiennes sont moins difficiles que les allemandes, j'ai décidé de retourner en Angleterre et de traverser la France et la Suisse jusqu'en Autriche. En Suisse, j'obtins un nouveau passeport et me dirigeai bientôt vers la frontière autrichienne.

Pendant le voyage, j'ai eu des méditations désagréables. Les autorités autrichiennes auraient pu être informées de ma tentative infructueuse de franchir la frontière allemande, et comme environ huit mois auparavant j'étais déjà entré en Autriche par la même route que je me proposais maintenant d'emprunter, j'ai hésité quant à l'opportunité de continuer l'aventure. . « Peut-être, ai-je argumenté, serait-il préférable de retourner en lieu sûr. » Cependant, j'ai vite surmonté cette appréhension en me disant simplement que des centaines de milliers d'hommes dans les tranchées étaient confrontés à ce que j'allais bientôt affronter : la mort. J'étais soldat, me disais-je, et je suis d'ailleurs titulaire d'une commission dans mon propre pays en tant qu'officier de réserve. Finalement, lorsque j'atteignis Feldkirch , j'étais prêt à affronter les autorités autrichiennes avec un cœur vaillant et une ferme détermination à passer à tout prix.

Avec mes compagnons de voyage, je fus conduit dans une grande salle où montaient la garde des soldats, baïonnette au canon. Pour comprendre mes sentiments alors que j'attendais mon tour d'être conduit devant les policiers pour un interrogatoire, il faut avoir été soi-même dans une situation similaire.

Un à un, mes compagnons furent admis dans la pièce voisine, et quand enfin mon tour arriva, je me trouvai en face de cinq officiers autrichiens, qui semblaient tous avoir développé cet état d'esprit curieux qui semble n'exister qu'en temps de guerre. . En Suisse, j'avais obtenu de l'ambassadeur d'Autriche, le baron Gayer, un *laissez-passer* qui m'était de la plus grande valeur possible. Après dix minutes désagréables , je constatai que j'avais passé avec les honneurs , ayant non seulement satisfait aux demandes d'informations des officiers, mais gagné leur bienveillance au point qu'on leur souhaitait bonne chance et un agréable voyage. Une heure plus tard, le train partait pour Vienne, distante de vingt-quatre heures, à travers le magnifique Tyrol autrichien. Cependant, j'étais trop fatigué et fatigué du voyage pour me préoccuper beaucoup des beautés de la nature. Il n'y avait pas de couchage dans le train et le repos que j'avais était assis en position verticale.

Le soir du 8 décembre 1915, j'arrivai à Vienne, où je décidai de séjourner au Park Hotel de préférence à l'un des hôtels les plus en vogue de la partie la plus gay de la ville. Je l'ai fait dans un but délibéré, car le Park Hôtel est situé à proximité des deux gares, Sud Gare et Est Gare de chemin de fer . De mon point d' observation , j'espérais pouvoir observer les mouvements des troupes marchant vers les gares.

Je comptais ne rester que peu de temps à Vienne, mon véritable objectif étant la Turquie, mais je souhaitais surtout voir Belgrade, qui présentait pour moi un grand intérêt en raison des récents combats désespérés qui s'y étaient déroulés. J'avais obtenu une introduction à un éminent fonctionnaire du ministère autrichien des Affaires étrangères (Ministère des Aussern), à qui mon premier objectif était de faire appel. Ce personnage important, un Hofrat (l'équivalent allemand, je crois, du Conseiller privé anglais), me reçut avec courtoisie, et sans ce soupçon qui semble être l'attribut inévitable de l'Allemand, écouta mon explication sur l'objet de ma demande. voyage, et me promettant très gentiment toutes les facilités qu'il était en son pouvoir de m'accorder.

Il m'a présenté le bureau de presse du War Office (KUK Kriegsministerium). Sa lettre déclarait que j'étais bien connu du ministère des Affaires étrangères et que toutes les facilités possibles devraient m'être accordées lors de mon voyage au Proche-Orient. Cette lettre a finalement produit un document qui m'a été d'une grande aide dans mes voyages ultérieurs et que j'ai toujours en ma possession.

Alors qu'il me remettait l'introduction au Kriegsministerium Pressbureau , qui devait me prouver mon sésame ouvert en Turquie, il a fait remarquer : « Je fais toujours très attention lorsque je fais des présentations au War Office ; vous-même, par exemple, pourriez être le plus grand espion (grosze spion) dans le monde. Je souris intérieurement en le remerciant de sa bonté et me félicitai d'avoir eu la chance d'impressionner favorablement un homme qui possédait tant d'autorité. Lorsque je lui ai demandé de me fournir un passeport me permettant de passer par Belgrade, il m'a répondu que ce n'était pas en son pouvoir de le faire, mais qu'il ferait tout ce qu'il pourrait pour m'aider et que j'aurais des nouvelles de moi. lui en temps voulu.

En attendant, je résolus de parcourir la ville pour découvrir quels changements s'étaient produits au cours des huit mois qui s'étaient écoulés depuis ma précédente visite. La première chose que je remarquai fut l'hostilité accrue des Viennois à l'égard des Anglais. Il y avait à cela deux raisons très évidentes : premièrement, la pincée de faim, la « pression d'estomac », comme on l'appelle, le travail de la marine britannique ; deuxièmement, l'intervention de l'Italie, œuvre des diplomates britanniques. L'Autrichien n'est pas aussi dramatique dans ses haines que l'Allemand ; mais il y a un sentiment amer et brûlant dans son cœur contre une nation qui lui a dépouillé la plupart des luxes et de nombreux biens de première nécessité et qui, en outre, l'a précipité dans une autre guerre à une époque où ses mains étaient déjà occupées. trop plein.

Contrairement à Londres, Paris et Constantinople, Vienne est bien éclairée la nuit ; mais l'atmosphère de gaieté de cette ville la plus gaie n'existe plus. Maintenant, c'est ennuyeux ; les cafés qui, en temps de paix , restaient ouverts toute la nuit, sont contraints de fermer à 23 heures ; certains, mais très peu, ont obtenu l'autorisation de rester ouverts jusqu'à minuit. Là-bas, à Vienne, comme partout ailleurs dans la zone de guerre teutonique, le sujet de conversation le plus captivant était la question de l'approvisionnement alimentaire.

Il y a un côté humoristique à la situation ; humoristique, c'est-à-dire pour les Alliés. Le peuple turc compte avec confiance s'approvisionner auprès des puissances centrales ; tandis que les puissances centrales sont également optimistes quant à la capacité de la Turquie à leur fournir des denrées alimentaires. La presse berlinoise est responsable de l'erreur teutonique, en raison de ses articles grandiloquents sur l'avantage d'ouvrir la Turquie et l'Asie Mineure avec leurs vastes ressources. Il s'agissait notamment de produire du beurre pour Berlin. A Vienne, on ne se plaint pas autant qu'à Berlin du manque de beurre ; mais ils regrettent amèrement l'absence de crème. L'un des principaux délices de la ville est le célèbre café viennois, avec sa crête mousseuse de crème fouettée qui s'étend jusqu'à mi-hauteur du verre. Lors de ma précédente visite, cela avait été facile à obtenir, mais huit mois de guerre avaient abouti à l'interdiction de la vente du lait et de la crème, sauf pour les nourrissons, le reste étant utilisé dans la fabrication d'explosifs. Quand j'ai appris qu'on devait me forcer à boire du café noir, j'ai ressenti un moment de ressentiment contre les Alliés.

Des 1.600 taxis qui, en temps de paix, organisaient les fêtes gays dans Vienne, il n'en restait plus qu'une quarantaine, et ceux-ci sont extrêmement délabrés, leurs pneus ayant un aspect très décrépit. A l'exception de ces quarante taxis, toute la circulation automobile s'arrête à 23 heures, et les Viennoises, célèbres pour leurs embonpoints, se souviendront longtemps de la guerre ne serait-ce que pour les nombreuses marches qu'elles ont dû faire.

Il y a aussi une grande pénurie d'essence, de pneus et de glycérine , tous réquisitionnés par le gouvernement. Le saindoux et les autres corps gras utilisés dans la préparation des aliments sont de qualité très inférieure . J'ai de bonnes raisons de m'en souvenir puisque, pendant quatre jours, j'ai été extrêmement malade à cause des matières odieuses utilisées dans la cuisson de certains aliments que j'avais mangés.

Curieusement, j'ai trouvé le pain de bien meilleure qualité que lors de ma précédente visite ; mais il y en avait très peu, car le règne du ticket de pain n'était pas encore terminé. La viande était rare et très chère. En règle générale, je dînais au restaurant Hartmann, un lieu réputé pour de bons dîners en temps de paix . J'ai cependant constaté que la situation s'était fortement détériorée, que la nourriture était loin d'être bonne et ridiculement chère. Pour un repas composé de soupe, de viande et de légumes, accompagné de quelques fruits, je devais payer huit couronnes (une couronne équivalant à 10 pence), soit le double du prix de la paix. On peut se faire une idée de la rareté de la viande en sachant qu'une seule portion de rosbif coûte environ quatre couronnes (3 shillings, 4 pence). Je dois préciser que Hartmann's n'est pas un endroit comme l'hôtel Ritz, mais un restaurant bourgeois où, en temps de paix, les prix sont extrêmement modérés.

Ce terrible fléau, qui semble suivre les traces de la civilisation , s'est accru de manière alarmante à Vienne depuis le début de la guerre. Les soldats se rendent dans les quartiers les plus ignobles de la ville, provoquant délibérément la contagion afin de ne pas être envoyés au front. Les yeux des autorités militaires ont été ouverts sur la gravité de la situation et les hommes sont très sévèrement sanctionnés.

UN TICKET DE PAIN VIENNOIS

Vienne est pleine de blessés ; en fait, je n'ai jamais vu une ville où il y en avait autant. J'ai essayé d'en savoir le plus possible sur le nombre d'Autrichiens blessés dans tout le pays, mais il était extrêmement difficile de recueillir des informations. Afin que l'opinion publique ne soit pas trop déprimée, les blessés sont soigneusement dispersés dans différentes villes et villages, notamment en Bohême. Les Allemands m'ont dit avoir entendu la même chose à propos de l'Angleterre, où l'on trouvait des centaines de petits hôpitaux de la Croix-Rouge dans les villes et villages de province de tout le pays !

La méthode allemande consiste aussi à éloigner autant que possible les blessés des grandes villes. Les plus petits villages sont utilisés pour les stations de la Croix-Rouge. A Francfort, lors d'un de mes précédents voyages, je fis un jour remarquer à une vieille femme, fermière avec qui j'avais eu une conversation, que je ne comprenais pas pourquoi il y avait si peu de blessés dans une grande ville comme Francfort. "Venez voir notre village", répondit-elle, " nous les avons dans nos maisons." Je me rendis donc à Andernach , qui était le nom du village. Elle m'a donné du café et du pain de guerre et m'a traité avec beaucoup de gentillesse. Il y avait six soldats blessés dans sa maison, et j'ai appris qu'il n'y avait guère de village sur les pentes du Rhin où les soldats blessés n'étaient pas cantonnés pour profiter de l'air vivifiant des collines rhénanes, après avoir été soignés au préalable dans les hôpitaux. L'un des soldats blessés m'a dit que dans un hôpital à environ une demi-heure de Cologne, 180 soldats gisaient handicapés .

Les autorités autrichiennes ont leurs propres méthodes ; ils font, par exemple, qu'un tiers seulement des soldats convalescents soient autorisés à sortir en même temps. Ainsi, s'il y a dans un hôpital trois cents blessés capables de marcher, une centaine seulement sont autorisés à sortir en même temps pour prendre l'air et faire de l'exercice.

Le nombre de soldats aveugles est stupéfiant. C'était l'un des spectacles les plus terribles que j'ai vu. Avant la participation de l'Italie à la guerre, le nombre total de soldats autrichiens ayant perdu la vue était de 10 000 ; il est aujourd'hui de 80 000. J'en ai été informé par le Dr Robert Otto Steiner, directeur du plus grand hôpital de Vienne, probablement le plus grand au monde, le Wiener Allgemeines. Krankenhaus , qui compte 8 000 lits, dont 3 000 sont occupés par des hommes ayant perdu la vue.

La raison de ce nombre terrible de soldats aveugles est que dans les montagnes, les troupes ne peuvent pas creuser de tranchées adéquates, et les obus italiens éclatent contre les montagnes et envoient des pluies de fragments de roche dans toutes les directions. C'est avec une expression triste que le Dr Steiner m'a parlé des 70 000 Autrichiens devenus aveugles en six mois. Je lui ai demandé ce qui allait arriver à ces pauvres gens après la guerre, et il a avoué qu'ils posaient un problème qu'aucun gouvernement ne semblait pouvoir résoudre. Qu'un monument soit érigé ou non au Kaiser dans les Sièges- Allée , il y aura dans toute l'Europe des milliers de monuments vivants à sa « grandeur » sous la forme d'aveugles, de fous et de paralysés qui souffleront des malédictions sur le nommez le militarisme allemand qui leur a volé presque tout, sauf la vie elle-même.

Au cours de mes pérégrinations dans la ville, j'ai entendu une histoire amusante sur le recrutement en Angleterre. Cela m'a été raconté par des officiers autrichiens, convaincus que le recrutement dans ce pays avait été un succès. Leur explication était que l'aristocratie avait obtenu du gouvernement l'assurance qu'ils seraient retenus pour le service à domicile, tandis que les pauvres seraient envoyés au front. Rien de ce que j'ai entendu ne démontrait une plus grande ignorance de l'instinct sportif du gentleman anglais que cette déclaration grotesque, et cela en dépit de l'omniprésence de Wolff et de ses informations de guerre sans fil. Parler de Wolff me rappelle un dicton parmi les partisans des Alliés à Constantinople : « Il y a des mensonges, il y a de foutus mensonges, et il y a les messages sans fil de Wolff. »

Une nuit, j'ai eu une conversation intéressante avec un capitaine de la Légion polonaise austro-autrichienne, dont le nom est en ma possession, mais que, dans son propre intérêt, je m'abstiens de publier. Il m'a dit plusieurs choses qui montraient clairement les difficultés qu'éprouvent les Allemands à combiner leurs forces très variées. « Je suis maintenant aux côtés des Autrichiens, dit-il, combattant les Russes en raison du traitement relativement bon que nous, Polonais, avons reçu de la part de l'Autriche. Après la guerre , on nous promet une République polonaise. Mais si, ajoute-t-il, il s'agit de combattre pour la Prusse contre les Russes, je déserterai pour ma part et rejoindrai la Russie. »

On sait depuis quelques mois dans ce pays que quelque chose n'allait pas au sujet du 28e régiment de ligne autrichien, le régiment de Prague, composé entièrement de Bohémiens tirés principalement de Prague et qui, étant Slaves, haïssent les Allemands. De cet officier, j'ai entendu l'histoire du tragique 28. Au Musée national de Vienne, il y a plusieurs drapeaux drapés de noir : ce sont ceux de ce malheureux régiment de Bohémiens.

L'intention de tout le régiment était de déserter du côté des Russes, le complot incluant les officiers ainsi que les soldats . Un jour, voyant devant eux ce qu'ils prenaient pour des régiments russes, les soldats jetèrent les armes et levèrent les mains en signe de capitulation. Mais les « Russes » étaient des Prussiens ! Les Bohémiens ignoraient que le bonnet rond de la Russie est pratiquement le même que celui porté dans les armées prussiennes. Les officiers prussiens comprirent immédiatement la situation et tournèrent leurs mitrailleuses sur les hommes sans défense , massacrant des centaines d'entre eux. Les autres furent faits prisonniers, et finalement un sur cinq fut fusillé, et parmi les officiers un sur trois fut exécuté. Les hommes restés ont été envoyés dans la partie la plus dangereuse du front, et il n'en reste plus que très peu pour raconter cette terrible histoire. Les drapeaux du Musée national témoignent de la disgrâce d'un régiment dont le nom ne figure plus sur la liste de l'armée autrichienne.

Ce qui m'a particulièrement frappé, c'est que la pièce la plus populaire à Vienne devrait être la pièce à succès anglaise « Mr. Wu. » Il était annoncé dans toute la ville, sous le titre en lettres plus petites apparaissant les mots « Der Mandarin ». Le titre original étant en grosses lettres, tandis que le titre allemand est ajouté en caractères plus petits, étant évidemment considéré que les mots « M. Wu » nécessitait quelques explications aux yeux des Autrichiens. J'étais incapable d'expliquer cette anomalie. Je me souviens avoir vu la pièce plusieurs fois à Londres, mais cela ne fournissait aucune information sur sa popularité dans une ville ennemie.

Un soir, je me rendis au Neues Wiener Stadtheater , un bel édifice érigé depuis le début de la guerre. Le public était majoritairement composé de femmes, moins d'un quart d'hommes. La pièce a été admirablement mise en scène , mais Matheson Lang m'a manqué. J'ai vite découvert la raison de sa popularité. Un homme d'affaires anglais se trouve très désavantagé à côté d'un Chinois, ce qui a semblé beaucoup plaire au public. À la fin de chaque acte, le rideau se levait à maintes reprises et les interprètes applaudissaient bruyamment.

Pour moi, la véritable tragédie de Vienne est celle des Anglais en âge de servir dans l'armée qui ne peuvent quitter la ville. Ils sont bien traités et jouissent de leur liberté tant qu'ils ne quittent pas la ville, ce qui montre à quel point la domination autrichienne est plus douce que la domination allemande. Ils devraient toutefois être à l'intérieur des portes à 20 heures du soir. Des avis ont paru dans les journaux selon lesquels les sujets des pays belligérants doivent être autorisés librement à utiliser leur propre langue dans les lieux publics, à condition qu'ils le fassent d'une manière qui ne soit pas offensante. Les pauvres gars ont soif de nouvelles. Le dernier journal anglais qu'ils avaient vu était *le Times* du 3 septembre . Ils parlent avec émotion du pain de guerre détesté, mais ils reconnaissent la grande amélioration de sa qualité au cours des deux derniers mois. Ils ont parlé en bien du traitement autrichien, mais leur position est pour autant loin d'être enviable. Ils se trouvent au milieu d'une population hostile, ne sachant rien de ce qui arrive réellement à leur pays et désireux d'être dans les tranchées aux côtés de leurs compatriotes.

On a beaucoup parlé des campagnes de Bagdad et d'Égypte, mais aussi de la dépréciation de la couronne, la monnaie étalon autrichienne, qui ne vaut plus que la moitié de sa valeur initiale. Les Viennois clairvoyants considèrent cela comme significatif.

De grandes précautions sont prises à l'égard des personnes arrivant à Vienne en provenance de Hongrie. Depuis quelque temps, le choléra et la peste sévissent dans certaines régions de ce pays, même si très peu d'informations circulent en raison de la sévérité de la censure. Parfois, cependant, des nouvelles arrivent qui prouvent que la situation est loin d' être favorable . Depuis des mois , la Hongrie a été le théâtre d'une grande concentration des armées allemandes et autrichiennes pour les combats dans les Balkans. Le regroupement de ces troupes sur une zone relativement petite entraîne inévitablement la propagation des maladies.

CHAPITRE III

DANS LES BALKANS

Je quitte Vienne – Bucarest gay – L'indiscrétion du chef de musique – « *À bas les allemands !* » - La Roumanie avide de guerre - Les appareils allemands - Une cigarette anglaise - Un voyage terrible - Le butin de la guerre - L'Allemand rusé - La pauvreté bulgare sous les Allemands - La satisfaction autrichienne à l'égard des victoires serbes - La contrainte en Angleterre - L'inquiétude bulgare à propos de l'attitude des Grèce : la langue allemande en Bulgarie.

Au bout d'une quinzaine de jours, je quittai Vienne, ayant reçu mon passeport. J'étais convaincu de l'inutilité de tenter de traverser la Serbie pour me rendre en Turquie et j'ai donc décidé de faire le tour par la Roumanie . En fait , c'était la seule voie qui s'offrait à moi. En passant par Buda Pesth , où se termine le chemin de fer autrichien et où commence celui de Hongrie, je me rendis à Brasso , dernière gare du territoire hongrois. Lors de mon voyage précédent, la station frontière était celle de Pre-deal, mais comme celle-ci se trouvait sur le territoire roumain , les Autrichiens ont constaté qu'ils n'avaient aucun pouvoir d'agir en cas d'espionnage et ils se sont donc retirés à Brasso . J'arrive à Brasso à 5 heures du matin, après trente heures de voyage. Comme le train pour Bucarest ne partait qu'à midi, j'ai eu le temps de visiter cette charmante petite ville nichée au milieu des montagnes des Carpates .

Bien que petit, Brasso revêt actuellement une importance considérable , car il constitue le quartier général de l'armée autrichienne destinée à agir contre la Roumanie en cas de difficultés. L'endroit était plein de soldats, à pied, à cheval et d'artillerie, avec des fusils de toutes sortes et de tous calibres . La population civile semblait avoir entièrement disparu. Sur les montagnes environnantes, les manœuvres militaires étaient partout à l'œuvre. On m'a dit qu'il y avait 80 000 soldats concentrés à Brasso .

C'est à la gare de Brasso que je découvris pour la première fois la grande valeur du passeport du War Office que j'avais obtenu à Vienne. Sans regarder mes bagages et à peine jeter un coup d'œil à mes papiers, les fonctionnaires m'ont laissé passer et j'ai béni mon bon ami le Hofrat . Je n'ai jamais connu un voyage plus misérable que celui jusqu'à Bucarest. Tous les stores des voitures furent baissés par précaution militaire, bien que la Roumanie ne soit pas en guerre. Cette circonstance témoigne cependant des précautions prises par les Roumains contre l'invasion de leur territoire. Un Roumain monsieur voyageant dans la même voiture m'a assuré que partout des tranchées et des travaux de terrain étaient en cours de construction.

La différence entre Vienne et Bucarest, le « Petit Paris », comme on l'appelle, où j'arrive à sept heures du soir, est des plus frappantes. La capitale roumaine , toujours connue pour sa gaieté, est la Mecque des amateurs de plaisirs, et si loin que la guerre ait diminué cet esprit , elle semble l'avoir considérablement accru. La population a considérablement augmenté , l'argent est dépensé et gaspillé partout, les cafés et les théâtres font un commerce florissant, et le nombre d'automobiles et de calèches est étonnant compte tenu de la petitesse de la ville. Maintenant que l'exportation du blé de Russie vers les empires centraux n'est plus possible, la Roumanie est devenue le marché du blé des Balkans. On m'a dit que la troisième récolte de l'année venait d'être récoltée et que chaque quart des céréales pouvant être produites est facilement vendu. Le résultat est que l'argent coule partout comme l'eau.

Je considère mon séjour à Bucarest comme une oasis de paix dans un désert de danger. Les Roumains sont un peuple charmant et les Alliés devraient comprendre combien ils doivent à l'attitude strictement neutre de la Roumanie. en ce qui concerne la guerre. Le gouvernement roumain empêchait les vivres, le charbon et d'autres produits de première nécessité d'arriver ni en Autriche ni en Turquie. Grâce au nouveau Balkan Express, les mesures préventives roumaines n'ont plus leur importance d'antan.

L'attitude bulgare à l'égard des puissances de l'Entente fut toujours un peu difficile à déterminer ; la masse du peuple bulgare n'est nullement cordiale ni avec l'Allemagne ni avec la Turquie. Les politiciens sont probablement devenus nerveux et l'or allemand a fait le reste. Néanmoins, je n'ai trouvé aucune preuve de l'affection des Bulgares pour la Grande-Bretagne. Les gens en général ne savent presque rien de ce pays. Il y a un vague souvenir de Gladstone dans l'esprit des plus instruits . En revanche, tous les Bulgares connaissent l'Allemagne, grâce au travail infatigable des journaux, aux écoles allemandes, à l'exposition omniprésente de cinématographes allemands et à la « pénétration pacifique » des collecteurs de fonds allemands, de la musique allemande et d'autres éléments de la propagande de la Kultur allemande .

La Petite Roumanie occupe dans la guerre une position extraordinaire. Entourée par les nations en guerre, elle est elle-même en paix. Il n'y a aucun doute quant à ses sentiments amicaux envers la Quadruple Entente.

A Bucarest, je séjournai à l'hôtel Frascati , où je passai quatre jours délicieux, entièrement libres de toute inquiétude. C'est le deuxième jour de ma visite que j'ai reçu les premiers témoignages de l'attitude de la Roumanie . Le soir, je me rendis au Casino de Paris, où le public formait une foule assez cosmopolite. Pendant que l'orchestre jouait la *Marseillaise,* un groupe d'Allemands, qui avaient visiblement plutôt bien dîné que judicieusement, exprimèrent leurs sentiments en sifflant fort et en faisant d'autres bruits. Le public, cependant, a vivement applaudi le groupe et l'incident a pris fin.

Peu de temps après, l'un des Teutons à la peau épaisse offrit au chef d'orchestre un billet de 20 marks (1 £) pour jouer *Die Wacht am Rhein* . Le chef d'orchestre était prêt à prendre les 20 points, mais il a exprimé des doutes quant à la capacité des musiciens à jouer l'air requis. Il se montra en outre très dubitatif quant à l'effet de la mélodie sur les gens rassemblés au Casino. Il finit par surmonter à la fois les scrupules de son groupe et ses propres appréhensions, mais l'orchestre avait à peine commencé que le chaos éclata. « *À bas les Allemands !* » et d'autres cris fusaient de toutes parts, avec parfois un « *À bas les bosches !* " et le groupe s'est arrêté brusquement. Les Allemands quittèrent le Casino en toute hâte, au milieu des sifflements du public.

La Roumanie est entièrement pour les puissances de l'Entente, et en particulier elle est pro-française. Sa haine particulière va à l'Autriche et, à un degré extrême, à la Hongrie. Un soir, je suis allé voir une exposition cinématographe intitulée « Sous le joug de l'Autriche-Hongrie », qui retraçait les souffrances des Roumains vivant sous la domination autrichienne. Lors d'un incident particulier, le public s'est levé et a crié : « A bas l'Autriche ! A bas la Hongrie ! Ces manifestations ne sont pas rares et montrent très clairement la tendance générale de l'opinion publique roumaine .

Toute l'armée roumaine est avide de guerre. Je ne révèle aucun secret en disant cela, car la Roumanie est envahie par les espions allemands. Durant mon court séjour , je rencontrai de nombreux officiers roumains qui se montrèrent très mécontents de la lenteur des opérations de l'Entente. Ils croient cependant fermement à la victoire finale des Alliés et ils m'ont assuré qu'aucune influence, aucune pression, politique ou autre, ne pourrait les inciter à se joindre à l'Allemagne. Ils ne mesurent pas vraiment toutes les difficultés auxquelles les Alliés sont confrontés. L'Allemagne se prépare à cette guerre depuis plus d'une génération ; les puissances de la Triple Entente ont été prises par surprise et ont été grandement handicapées. C'est ce que je m'efforçais de faire remarquer à mes connaissances roumaines , en les exhortant à « attendre et voir ».

J'hésite à offrir des conseils au gouvernement britannique ; mais je souhaite, dans son intérêt et dans celui de ses alliés, qu'il puisse être persuadé de la nécessité (aucun mot plus doux ne convient) de faire connaître en Roumanie le magnifique travail de l'armée et de la marine britanniques. La sympathie instinctive des Roumains va aux Français et aux Italiens ; car il faut se rappeler que c'est un peuple latin. Leurs journaux publient beaucoup de choses sur les armées française et italienne. Les Allemands ont leurs propres journaux, imprimés en langue roumaine . La propagande allemande et l'or allemand se rencontrent partout, le but principal étant de maintenir la Roumanie neutre.

L'une des tactiques préférées des Allemands est d'exagérer chaque incident des Alliés, de magnifier chaque succès de leur propre chef en une grande victoire et, surtout, de montrer à la Roumanie l'ampleur de la tâche que les puissances de l'Entente ont entreprise. Quand j'étais à Bucarest, le thème principal des journaux allemands était les Dardanelles. De longs récits des défaites anglaises parurent dans leurs journaux, tous abondamment illustrés. Le Roumain n'est pas dépourvu d'intelligence, il connaît assez bien le caractère prussien, et il préfère se battre jusqu'au dernier que de partager le sort de la Belgique, de la Serbie ou du Monténégro ; il ne peut cependant pas rester totalement indifférent à l'ingénieuse propagande allemande.

De l'abondance, de la musique et du pain blanc de Bucarest, je suis parti pour Sofia. A Giugiu , gare frontière roumaine sur le Danube, je pris le ferry pour Rustchouk , en territoire bulgare. Ici, j'ai dû passer une journée et une nuit à attendre le train. Rustchouk est un petit endroit affreux, enseveli jusqu'aux chevilles dans la boue, et j'attendais avec consternation les heures mornes que je devrais passer dans cet affreux trou. Mais toute chose a sa contrepartie, et j'ai pu y glaner des informations très intéressantes.

Sur le Danube, j'ai remarqué quatre observateurs autrichiens qui étaient là, m'a-t-on dit, pour protéger les villes autrichiennes et bulgares situées au bord du fleuve contre les attaques russes. J'ai également remarqué avec le plus grand intérêt d'énormes quantités de matériel ferroviaire léger, principalement des rails et des traverses, qui étaient descendues par bateau et débarquées au port bulgare en route vers la Turquie . Tout ce matériel, m'a - t-on dit , est destiné à la campagne contre l'Egypte.

J'ai trouvé les autorités bulgares beaucoup plus difficiles que les autrichiennes ; je m'en souvenais de mon précédent voyage, et j'avais pris la précaution de me procurer un passeport spécial à la légation bulgare à Vienne. Même avec ce document inestimable en ma possession, j'ai éprouvé des difficultés considérables et j'ai été soumis à de nombreux interrogatoires avant d'être autorisé à passer. Ces interrogatoires désagréables et éprouvants étaient des épreuves épouvantables auxquelles je ne semblais jamais pouvoir m'habituer. J'étais peut-être trop imaginatif, mais les conséquences d'un éventuel dérapage étaient toujours devant moi.

Lors de ma première visite à Vienne en temps de guerre, j'ai vécu une expérience très désagréable, démontrant la nécessité d'une attention constante. Un jour, j'ai rencontré dans les rues de Vienne un jeune Anglais que j'avais connu à Londres et qui n'avait pas été interné . Il m'a donné une cigarette et est ensuite venu à mon hôtel. J'ai été immédiatement interpellé pour avoir fumé une cigarette anglaise, ce qui, ajouté au fait que je connaissais un Anglais, a entraîné mon arrestation et j'ai passé une journée désagréable dans une prison autrichienne. Ce petit incident, qui entraîna une tension mentale sans fin, montre combien il était nécessaire pour moi d'être toujours vigilant. Il faut se rappeler que mon voyage dura environ sept semaines.

En parcourant les rues abominablement boueuses de Rustchouk , j'apercevais partout des soldats et des sous-officiers allemands ; ils semblaient être responsables de tout, y compris des travaux portuaires et de tous les bâtiments militaires. J'ai découvert qu'il y avait une grave pénurie de sucre et je devais boire mon thé et mon café sans sucre. Le lait était également introuvable, et s'il y a une chose dans la vie qui m'est plus que nécessaire, c'est bien le lait et la crème. Quelqu'un m'a dit un jour que j'étais destiné à un chaton.

J'ai été obligé de séjourner dans un hôtel très sale qui portait le nom d'Hôtel Bristol, où les logements disponibles étaient des plus primitifs. Le lit était si sale que je l'ai abandonné comme un mauvais travail et j'ai dormi dans deux fauteuils . Le lendemain, je partis pour Sofia, voyage qui dura vingt heures, en grande partie à cause du manque de charbon. Je n'ai jamais eu un voyage en train plus monotone. Les fenêtres étaient peintes en blanc, car les Bulgares suspects sont déterminés à ce que personne ne découvre de secrets militaires en regardant à l'extérieur du train. Imaginez la monotonie de rester assis pendant vingt heures dans un petit compartiment sans avoir la possibilité de jeter un coup d'œil sur la campagne. Je n'avais ni journaux, ni cigarettes, ni nourriture. Rien que le côté opposé de la voiture pour contempler, ou les vitres blanchies pour m'occuper, pendant près d'un jour et d'une nuit. Je passais la plupart du temps à dormir par bribes.

À chaque petite gare où le train s'arrêtait, je descendais et m'efforçais d'acheter de la nourriture. A un endroit, à ma grande joie, j'ai réussi à me procurer du pain rassis et un morceau de chocolat d'une fabrication manifestement d'avant-guerre. Je n'osais pas boire de l'eau par peur du choléra et quand je suis finalement arrivée à Sofia, j'étais effondrée et heureuse d'arriver à l'hôtel « Splendid », qui se trouve au cœur de la ville.

Sofia n'avait rien de la gaieté de Bucarest. Pendant quatre jours, j'avais oublié la guerre, mais ici elle me revint avec vivacité à l'esprit. Des officiers allemands fanfarons étaient partout ; car l'occupation allemande est fermement établie et presque aussi complète qu'à Constantinople. Il semblait qu'il n'y avait pas de vie sociale, la monotonie régnait en maître, et j'aspirais à la luminosité et à l'abondance de Bucarest. Curieusement, ce qui frappe le plus à Sofia, ce sont les bains turcs, qui ont leur place dans un magnifique nouveau bâtiment ; ils sont considérés comme les meilleurs bains turcs du monde.

C'est à Sofia que j'ai entendu un autre exemple de minutie et de subtilité allemande . Lorsque, par l'intermédiaire de la Turquie, les Allemands soudoyaient les chefs arabes pour qu'ils combattent les Britanniques, les cadeaux consistaient non seulement en argent, en bijoux et en chevaux, mais aussi en beautés circassiennes provenant des harems turcs. Je n'ai pas eu le plaisir de revoir ces dames qui ont eu l' honneur de cimenter les alliances internationales. Dans ses relations avec le Bulgare, l'Allemand est tout aussi rusé et lui remet magnanimement tout le butin tragique arraché aux pauvres foyers serbes. Des fusils, des munitions, des fusils, des meubles et des bijoux , ainsi que du butin de toutes sortes, provenant de la petite Serbie, se trouvaient partout à Sofia.

Ce système de corruption n'a pas non plus été sans effet marqué, car je voyais partout des officiers allemands et bulgares se mélanger et s'amuser, et il y avait beaucoup d' amitiés entre soldats allemands et jeunes filles bulgares.

A Sofia, on ne trouve que du pain noir. Le sucre était absolument introuvable , le charbon manquait, mais les prix n'étaient pas aussi élevés qu'à Constantinople. Le peuple bulgare, cependant, souffre du sort qui semble inévitablement suivre le sillage de l'Allemand partout où il va : la pénurie de nourriture et d'autres fournitures.

J'aurais aimé avoir avec moi un ou deux ministres britanniques ; non pas qu'ils pourraient subir un quelconque préjudice ou mettre en danger leur précieuse vie, mais qu'ils auraient peut-être appris à apprécier la valeur de l' arme qu'ils n'ont pas encore appris à utiliser : la marine britannique. L'un des moyens les plus sûrs d'abréger la guerre est de provoquer des dissensions, non seulement en Allemagne, mais au sein de la population de ses alliés soumis – l'Autriche-Hongrie, la Bulgarie et la Turquie – et la meilleure manière d'y parvenir est ce que les Allemands appellent « » Pression gastrique.

Il semble qu'il y ait encore une petite quantité d'argent en circulation à Sofia, mais les Bulgares , qui ont toujours été pauvres, réalisent maintenant un degré de pauvreté sans précédent sous leurs maîtres allemands. Si on l'insiste correctement , cela devrait, à mon avis, provoquer d'éventuels problèmes avec le tyran prussien, qui les cajole actuellement avec des cadeaux, mais principalement avec des promesses.

La conquête de la Serbie a sans aucun doute grandement réconforté les Autrichiens, plus anti-serbes qu'anti-russes. Depuis le début de la guerre, il y a eu des périodes où les chefs d'entreprise berlinois se sont trouvés en difficulté quant à la manière de maintenir l'enthousiasme de leurs alliés autrichiens. Là- dessus, j'en suis absolument convaincu, une telle difficulté n'existe plus aujourd'hui. Il y a tant d'années que la malheureuse Autriche n'a pas eu lieu de célébrer une victoire, que la nouveauté de la sensation a eu un effet remarquablement stimulant sur le pays tout entier. Leur histoire a été une histoire de retraite et de défaite. La Prusse les a écrasés en quelques semaines en 1866, et maintenant ils commencent à se considérer comme les égaux de leurs suzerains. Outre leur nouveau port d' Antivari sur l'Adriatique, ils envisagent avec confiance de sécuriser Venise et le nord de la Serbie. Pour le moment, ils sont enivrés par la victoire qu'ils imaginent tendrement comme étant la leur, mais en dessous se cache la même haine contre les Prussiens qui existait avant la guerre.

La campagne de contrainte menée en Angleterre a suscité un grand intérêt en Autriche et a été la cause d'innombrables discussions passionnées dans les milliers de cafés du pays. L'idée populaire selon laquelle les Anglais ne combattent que lorsqu'ils sont payés pour le faire, avec un supplément pour les batailles, a été si assidûment entretenue par les propagandistes berlinois qu'elle est presque devenue un article de foi autrichienne . Il leur est pratiquement impossible de comprendre l'esprit des nouvelles armées britanniques, auxquelles ont afflué des hommes de toutes les parties de l'Empire. A Vienne, comme ailleurs, on m'a solennellement assuré que les riches resteraient chez eux et joueraient au football, ou vivraient dans leurs châteaux, chassant et s'amusant. Pas même dix-huit mois de guerre n'ont dissipé la croyance autrichienne dans la « sportkrankheit » (maladie du sport) anglaise.

Le lendemain de mon arrivée à Sofia, j'ai eu une conversation intéressante avec deux officiers bulgares qui séjournaient dans le même hôtel. Ils m'ont parlé du retrait des forces franco-britanniques du territoire serbe vers la Grèce. Les soldats bulgares aimaient beaucoup combattre les Anglais, car lorsqu'ils les battaient, le butin qu'ils trouvaient était si considérable. Par exemple, beaucoup de ces agriculteurs bulgares n'avaient jamais vu ni mangé de chocolat de leur vie et étaient ravis de constater, lorsque les Anglais ont dû évacuer le camp, qu'ils avaient laissé derrière eux des quantités considérables de chocolat et de marmelade.

Ces officiers bulgares souhaitaient en particulier connaître un peu la situation en Grèce. Comme je venais d'un pays étranger , ils pensaient que je devrais pouvoir leur dire beaucoup de choses sur ce que la Grèce allait faire. Après avoir discuté un moment avec eux , j'ai eu l'impression qu'ils semblaient craindre la participation de la Grèce à la guerre. Ils n'aiment pas les Grecs ; en fait, ils les détestent. Il y a toujours eu des querelles entre ces deux pays ; mais, en même temps, ces Bulgares n'étaient pas particulièrement désireux de combattre les Grecs à ce moment-là. Quand j'en ai demandé la raison, ils m'ont répondu qu'une grande partie de l'armée devait être prête à parer aux éventualités contre la Roumanie et la Russie, et que le reste ne serait pas suffisant pour affronter l'armée grecque avec quelque chance de succès, renforcée comme elle l'était. pourrait être par une grande armée franco-britannique. Je me suis dit que si seulement les principaux hommes d'État grecs et leur roi pro-allemand pouvaient entendre cela, quelle belle occasion ce serait pour la Grèce de régler ses vieilles querelles avec la Bulgarie.

Une chose m'a beaucoup frappé, c'est que partout où les Allemands vont, la pénurie de nourriture et d'autres choses semblent suivre à leurs trousses. Lorsque j'avais visité la Bulgarie huit mois auparavant, il n'y avait pas ce qu'on pourrait appeler une abondance de nourriture, mais il y en avait suffisamment pour faire vivre les gens. Dès que les Allemands ont amené les Bulgares à marcher avec eux, la pénurie de nourriture a commencé. Le premier Sugar Ticket venait d'être émis lorsque je suis entré en Bulgarie, et j'ose dire que d'autres billets suivront bientôt. Les gens, surtout les femmes, s'inquiétaient des fonctionnaires quant à l'endroit où ces billets étaient disponibles, et les cris de toutes sortes montraient abondamment que la population était très peu satisfaite de la nouvelle réglementation. La situation financière semble également désespérée. Il y a du papier-monnaie partout. Il y a très peu d' argent , et l'or, bien entendu, est inconnu.

Il est remarquable que, parmi tous les pays des Balkans, la Bulgarie soit le seul où la langue allemande soit connue dans une certaine mesure. Ils s'appellent fièrement « Petite Allemagne », mais, pour l' honneur des Bulgares, je dois dire qu'il existe une différence marquée entre les Bulgares et les Allemands. Il n'est pas brutal, très simple et extrêmement poli, trois choses dont aucun Allemand ne peut être accusé . Les officiers circulent avec les soldats de la même manière que les Français. Ils sont très simples et sans prétention. J'ai vu dans le train un capitaine bulgare sortir de sa poche un morceau de saucisse et commencer à le manger assis devant nous, ce qu'un officier allemand ne ferait jamais.

Dans la plupart des écoles avant la guerre, le français était la première langue enseignée ; maintenant, ils commencent tous par l'allemand. Tout de même, cinquante pour cent. des officiers bulgares que je voyais et avec lesquels je parlais ignoraient complètement la langue allemande, et la seule langue dans laquelle nous pouvions nous faire comprendre était le français.

CHAPITRE IV

CONSTANTINOPLE

Je quitte Sofia - Un document précieux - Le changement d'Andrinople - Les Bulgares en possession - Le Turc déterminé à se battre - J'adopte Fès - La pression de la guerre - Le sort des sujets ennemis - Leur façon de faire en Turquie - La situation financière - Enver Se rend à Berlin – Une employée turque – Un changement rapide – Une ville des ténèbres.

Je ne restai que quelques jours à Sofia et continuai bientôt mon voyage vers Constantinople. Le train est parti vers deux heures du matin, mais comme on nous avait dit la veille que le train partirait à 23 heures ce soir-là, nous, mes compagnons de voyage et moi, étions tous là à la gare à 22 heures, et a dû attendre quatre heures dans une salle d'attente insalubre et sale, remplie de soldats allemands et de soldats et officiers bulgares. Il faisait une chaleur inconfortable dans la pièce. La plupart des Allemands jouaient aux cartes et j'avais envie de sortir dehors, mais personne n'était autorisé à monter sur le quai.

Mon *laissez-passer* du ministre bulgare à Vienne s'est avéré une fois de plus d'une valeur inestimable, et j'ai découvert avec une grande satisfaction que ce papier me serait utile de plusieurs manières. Dès que je l'ai montré au commandant bulgare , j'ai été autorisé à monter sur le quai. Là, je me suis retrouvé, envoyé spécial d'un journal anglais, bénéficiant de plus de privilèges que même les voyageurs civils allemands – ce qui m'a fait sourire. La plupart des soldats allemands étaient en route vers Constantinople et l'Asie Mineure, et certains d'entre eux m'ont dit qu'ils n'avaient pas revu leurs maisons depuis le début de la guerre. Mais ils ne se plaignaient pas, car ils semblaient convaincus que la victoire leur appartiendrait. Ils étaient bien habillés et avaient l'air bien nourris également, et je n'ai remarqué aucun vieux homme du Landsturm . Nous, dans ce pays, sommes trop souvent enclins à croire que les ressources humaines allemandes sont épuisées. Les hommes qu'ils envoient dans les Balkans n'ont cependant nullement l'air d'être les derniers du groupe ; en fait, personne ne pouvait souhaiter de meilleurs soldats, chacun d'entre eux étant d'un excellent physique.

Lorsque je quittai finalement Sofia, je me trouvais face à un voyage de vingt-quatre heures, encore une fois avec les vitres des voitures peintes en blanc ; mais cette fois, j'ai eu la chance de trouver un logement dans une voiture-lits et j'ai rapidement dormi ; il n'y avait rien d'autre à faire. Nous étions quatre dans un compartiment de wagon-lits. L'homme en face de moi était un marchand allemand qui se rendait en Asie Mineure pour acheter de la laine, qui, comme on le sait, est un des grands produits de Turquie. Il semblait très fatigué et ne répondait pas du tout bien à mes efforts pour engager la conversation avec lui. Bientôt, il ronflait avec une telle intensité que j'eus moi-même beaucoup de difficulté à m'endormir.

Le lendemain matin, nous arrivâmes à Andrinople. Quel changement par rapport à Andrinople que j'avais vu huit mois auparavant ! Il n'y avait ni soldats turcs, ni drapeaux turcs, ni inscriptions turques à la gare. Des soldats bulgares gardaient la ligne, des drapeaux bulgares flottaient à la gare et des lettres bulgares indiquaient le nom du lieu.

Au cours des dernières années, la Ville sainte des Turcs a connu de nombreuses vicissitudes. Lors de la première guerre balkanique, elle fut capturée par les Bulgares , aidés par les Serbes . Lorsque des difficultés surgirent entre les différents membres de la Ligue balkanique, à cause de la conduite perfide de la Bulgarie, les Turcs reprirent la ville, mais leur règne fut de courte durée, et maintenant ils la rendent de nouveau aux Bulgares . Il n'y avait pas un seul soldat turc à la gare et, pour ajouter à l'ironie de la situation, les Turcs ont presque achevé une belle nouvelle gare, dont je suppose que les Bulgares vont bientôt s'emparer, permettant un minimum de somme à titre de dédommagement.

Dès l'arrivée de mon train à Andrinople, des soldats allemands se précipitèrent dans les différents wagons pour demander des journaux allemands. Pendant que j'étais à Constantinople, j'ai découvert que le seul journal imprimé en anglais dont la vente était autorisée était *le Continental Times* , un journal de propagande allemand dont le but était très évident.

Les lecteurs anglais devraient être intéressés de savoir que partout les Turcs se considèrent comme luttant pour leur existence même. Dans ces conditions, les Alliés ne doivent pas se tromper sur le caractère désespéré de la résistance que les Turcs continueront d'opposer. Tous sont convaincus que la guerre avec les Alliés était inévitable, parce que Constantinople avait été promise à la Russie. Un de mes « amis » député turc ne se lassait pas de répéter cette note.

À Lule Bourgas, il y eut d'autres interrogatoires et, une fois de plus, je dus subir l'épreuve du contre-interrogatoire, mais grâce à la lettre personnelle que j'avais apportée à Halil de l'ambassadeur de Turquie à Vienne Bey , le ministre turc des Affaires étrangères, mes difficultés furent bientôt terminées. En fait, les fonctionnaires ont été très polis et m'ont souhaité un bon voyage.

Non seulement Andrinople s'est fondue dans le territoire bulgare, mais Lule Bourgas , la gare au-delà, est également passée aux mains des Bulgares . Ce n'est que lorsque j'ai dépassé Lule Burgas que j'ai rencontré les premiers soldats turcs.

L'impression que j'avais de la Turquie en Europe était celle d'un pays pauvre et monotone ; nulle part je n'ai découvert personne cultivant la terre, et, à l'exception des misérables petits villages que nous avons traversés, il était tout à fait possible de se croire dans un pays inhabité.

Il était une heure du matin lorsque j'atteignis Stamboul , la partie turque de Constantinople. Je me rendis directement à l' hôtel Pera Palace, transporté dans une vieille voiture, la seule que je trouvai disponible. Aucune lumière d'aucune sorte n'était visible , la ville étant dans l'obscurité la plus totale. Le Pera Palace Hotel est bien connu de nombreux Anglais comme étant le seul bon hôtel de la région. Il est aujourd'hui plus que jamais cher, les prix ayant été fortement augmentés . Je pourrais vivre moins cher à l'hôtel Ritz à Londres qu'au Pera Palace Hotel à Constantinople. Après quelques heures de sommeil, je me lance à la découverte de la ville que je connaissais lors de ma précédente visite. Quel changement !

Ma première précaution fut d'adopter le fez comme couvre-chef. Quand on est à Rome, faire comme Rome, c'est une excellente maxime, surtout en temps de guerre . J'ai remarqué à maintes reprises qu'une sorte d'uniforme est le meilleur moyen de faciliter les déplacements dans un pays occupé par des soldats. A Constantinople, le fez est presque une introduction. Mais parmi les changements que j'ai remarqués : la mauvaise nourriture, les tickets de pain, ou plutôt les livrets de pain, le pain lui-même pratiquement immangeable, l'hôtel grouillant d'officiers allemands se plaignant amèrement du prix du prix, et tous parlant avec grandiloquence de l'Egypte.

À Constantinople, on se rend mieux compte de la pression de la guerre que dans aucune autre grande capitale de la zone de guerre que j'ai visitée. La pénurie des biens de première nécessité est devenue alarmante. Néanmoins, les Allemands qui envahissent les rues, les bureaux du gouvernement et les trains veillent à ce qu'ils soient eux-mêmes bien nourris et bien pourvus de tout le nécessaire. Plus je voyais le côté allemand de la guerre, plus je réalisais que les soins et l'attention du peuple allemand tout entier se concentrent sur l'armée, que, tandis que tous les autres bureaux du gouvernement à Constantinople étaient en mauvais état, comme ils l'ont toujours fait. Depuis, alors que l'éclairage électrique et l'éclairage au gaz n'existent plus, le ministère de la Guerre sous contrôle allemand a été entièrement redécoré à l'intérieur et à l'extérieur et semble aussi impeccable que s'il était en réalité prussien.

Les sujets sans défense des nations qui combattent actuellement contre les Turcs qui sont encore à Constantinople doivent subir de nombreuses indignités. C'est décourageant à décrire. À ma grande satisfaction , je constatai que presque toute la colonie anglaise était partie avant le début des hostilités, mais que de nombreux Français et Belges restaient, ainsi qu'un certain nombre de Russes, qui, pour une raison ou une autre, restèrent sur place. Ils sont dans un état déplorable. Beaucoup de ces personnes, avant la guerre, appartenaient aux classes riches, mais elles sont aujourd'hui pauvres et dépendantes. Un Belge que j'avais connu lors de ma première visite, un homme d'affaires très fiable et honnête , m'a dit beaucoup de choses intéressantes.

Lorsque la guerre éclata , il vivait avec sa femme et ses trois enfants sur la côte d'Asie Mineure, de l'autre côté du Bosphore , qu'il faut considérer comme une banlieue de Constantinople. Presque tous les hommes d'affaires n'ont que leur bureau à Constantinople, à 90 %. d'entre eux vivent sur la côte de l'Asie Mineure, qui est bien plus saine, propre et agréable. Ce Belge possédait, outre la maison qu'il habitait, quatre autres maisons et une ferme à une vingtaine de milles à l'intérieur des terres. Il était propriétaire d'une automobile, de trois voitures, de deux bateaux à moteur et de plusieurs vaches et chevaux. Les maisons qu'il possédait ont été réquisitionnées par le gouvernement turc à des fins hospitalières et ils les ont utilisées pour les cas les plus graves, comme le choléra, la peste et d'autres maladies terribles.

Mon ami belge fut contraint de quitter la maison où il vivait et de se réfugier dans un hôtel de Constantinople. Sa propre maison a été démolie, tout a été emporté ; sa belle collection de fusils, pistolets, tableaux et meubles a été volée par les soldats . Ses chevaux, ses vaches, et en fait tout ce qu'il possédait, lui furent confisqués, et même une caution de réquisition ne lui fut pas remise. Les Turcs se sont même approprié son solde à la banque.

En dépouillant un homme de ses biens, le Turc fait preuve d'une minutie qui ferait pâlir d'envie un Allemand. Le Belge est devenu un homme pauvre qui trouve difficilement de la nourriture pour ses enfants. S'il n'y avait pas certains sujets de pays neutres qui l'avaient connu avant la guerre, lui et sa famille mourraient de faim. L'ambassadeur américain, M. Morgenthau, à qui a été confié le soin de ces personnes, ne semble pas pouvoir leur apporter une grande aide. Non seulement le Belge dont je viens de parler, mais bien d'autres se plaignaient auprès de moi que chaque fois qu'ils se rendaient à l'ambassade américaine alors que quelque chose leur avait été volé par les Turcs, ils étaient rebutés avec l'assurance que rien ne pouvait être fait. pour eux.

Selon toute vraisemblance, les commandants des navires de guerre français et britanniques n'étaient pas au courant de la méthode turque pour traiter la question de l'indemnisation des fidèles dont les biens avaient été endommagés par le bombardement. Chaque fois qu'une maison appartenant à un Turc était démolie par les obus français ou britanniques, les biens d'un des sujets des pays ennemis vivant alors en Turquie étaient confisqués, et le propriétaire et sa famille étaient envoyés à l'intérieur de l'Asie Mineure. Tous ses biens furent remis au Turc dont les biens avaient souffert du bombardement.

La situation financière en Turquie est alarmante, j'en ai constaté pour mon plus grand plaisir. Moi-même, je n'ai jamais été un véritable ennemi des Turcs. Je les considérais comme une race simple, de bon cœur et, à bien des égards, supérieure aux habitants des pays environnants. Ce que j'ai découvert lors de ma dernière visite a cependant complètement changé mon opinion. À bien des égards, ils peuvent revendiquer l' honneur d' égaler leurs maîtres allemands, mais en termes de cruauté, de barbarie et d'absence totale de scrupules, ils surpassent désormais même les Allemands. Non! Je ne suis plus un ami des Turcs. Surtout, je ne suis pas un ami de leur gouvernement.

Huit mois auparavant, lorsque j'étais en Turquie, j'étais étonné de la quantité d'or qui circulait. J'avais toujours entendu dire que la Turquie était un pays si pauvre, et j'ai été très surpris, lorsque j'entrais dans une banque pour changer des billets de banque autrichiens, de découvrir que je pouvais obtenir en échange autant d'or que je voulais, et j'ai » était perplexe, d'autant plus que cet or semblait étrangement neuf. J'ai découvert par la suite que cela faisait partie de l'or que l'Allemagne avait prêté ou donné à son ami turc pour l'inciter à participer à la guerre . De l'or avait également été donné pour payer les réquisitions, qui étaient nombreuses, car les Turcs, à la suite de la guerre balkanique, avaient épuisé presque tout leur matériel de guerre. J'ai découvert que bon nombre de ces réquisitions n'avaient cependant pas été payées. En fait, parmi les nouvelles réquisitions de guerre, aucune n'avait été payée , la majeure partie de l'or ayant été payée par les responsables turcs en haut lieu. Le résultat fut une âpre querelle avec les Allemands, qui était cependant restée secrète.

Pour des raisons évidentes, les Allemands refusèrent d'envoyer davantage d'or : ils n'en avaient pas eux-mêmes. Il y a quelques mois Enver Pacha s'est rendu à Berlin pour tenter de régler l'affaire, et sa mission semble avoir été couronnée de succès.

Lors de cette visite à Constantinople, j'ai constaté que la situation financière était critique. Tout l'or avait disparu et, ce qui est encore plus significatif, il était également difficile d'obtenir de l'argent. Cela est dû au fait que les nouveaux bons du Trésor récemment émis par le gouvernement turc sont refusés à l'intérieur du pays, là où se trouvent les fermes. Les fermiers anatoliens refusèrent aussitôt d'accepter du papier-monnaie en échange de leurs produits, et les marchands turcs, pour acheter les récoltes, etc., furent obligés de payer les fermiers en argent. Il en résulte qu'il ne reste presque plus d'argent à Constantinople, mais qu'il en circule en quantité infinie à l'intérieur de l'Asie Mineure.

La pénurie de devises a paralysé le commerce turc et le gouvernement a donc dû réfléchir à quelque chose. Quelques jours seulement avant de quitter Constantinople, j'ai été témoin de l'apparition du papier-monnaie le plus drôle que j'aie jamais vu. Imaginez la situation. En Turquie, sur les billets de 1 £ (la valeur originale d'un billet de 1 £ est d'environ 17 ou 18 shillings), même dans les bureaux du gouvernement ou dans les chemins de fer de l'État, on doit perdre environ dix pour cent. en échange. Pour faire face à la pénurie de devises, les Turcs ont décidé qu'il serait légal de couper un billet de 1 £ en deux. Ainsi, un jour, quand j'ai pris mon repas au restaurant Tokatlian , dans la rue Pera , j'ai reçu ma monnaie de cette nouvelle manière. C'était un spectacle très étrange de voir un homme sortir son couteau de sa poche et couper le billet de banque en deux.

J'ai toujours eu envie de voir une femme turque face à face , dévoilée bien sûr. Ils semblent si mystérieux avec leurs visages couverts, et on les imagine bien plus gentils qu'ils ne le sont en réalité, à cause de la façon mystérieuse dont ils se déplacent. Lors de ma précédente visite, je n'avais pas réussi à en voir un ; cette fois, j'ai eu plus de chance . Un jour, j'entrai à la poste de Stamboul , où n'habite aucun Européen, et je me rendis à la boîte de la Poste Restante pour savoir s'il y avait des lettres pour moi. Une jeune fille répondait à mes questions, et c'était une jolie créature d'allure orientale. Je la pris d' abord pour une des innombrables jeunes filles juives ou grecques qu'on trouve à Constantinople. Elle parlait très bien la langue française et après avoir parlé quelques minutes, je lui ai demandé si elle était grecque ou arménienne. Elle m'a répondu aussitôt : « Non, je suis une fille musulmane. » "Quoi!" Je me suis exclamé : « Êtes-vous turc, *un vrai* turc ? «Oui, je le suis», dit-elle, puis elle me raconta que depuis quinze jours quelques jeunes filles mahométanes étaient entrées dans la fonction publique, et elle me dit que d'autres allaient suivre. Si toutes les femmes turques sont aussi charmantes qu'elle, alors un harem doit être bien plus intéressant que je ne le pensais.

Plusieurs fois, j'avais remarqué dans les rues des troupes turques noires, des hommes du type nègre africain typique, et je ne comprenais pas de quelle partie de la Turquie ils venaient. Cependant, j'ai vite découvert qu'il ne s'agissait pas du tout de Turcs, mais de soldats français indigènes faits prisonniers pendant la campagne de Gallipoli. Ces soldats, mahométans , furent bientôt transformés en soldats turcs. Les Turcs les ont bien traités, les ont mis dans des uniformes turcs, et maintenant ils se battent contre les Français !

Des soldats allemands, grands et bien habillés, étaient de service partout. On a beaucoup écrit sur les vieillards appartenant au Landsturm et les garçons faits prisonniers sur le front occidental, mais les Allemands n'envoient pas cette classe d'hommes au Proche-Orient. Leur armée à Constantinople est composée de troupes réellement de première classe. Le correspondant du

Times à Salonique a déclaré qu'il y avait 50 000 soldats à Constantinople. Ce numéro est peut-être passé par la ville. Selon moi, après un calcul minutieux, le nombre de soldats allemands actuellement présents à Constantinople peut être estimé à environ 10 000 hommes.

Lorsque j'étais à Constantinople, huit mois auparavant, il régnait une relative gaieté dans la ville. C'est extraordinaire de voir la différence qu'a faite l'absence d'électricité et de gaz. Elle a fermé aussitôt les théâtres, les cafés, les cinémas et tous les autres lieux de divertissement. Presque tous les magasins sont fermés. Avec la coupure de l'approvisionnement en charbon, toute la vie de la ville a été ainsi détruite. A Londres, il y a au moins un peu de lumière, mais à Constantinople, le seul moyen de se déplacer la nuit est de s'aider de torches électriques, dont la plus petite m'a coûté 8 shillings.

La situation dans la ville approchait de la famine ; le service de tramway électrique, pour le public , est pratiquement à l'arrêt. J'ai soigneusement noté les prix des produits de première nécessité ; le sucre est de 5s . une livre, café 6s. la livre, et les cigarettes ont augmenté de 40 pour cent. Quiconque connaît la Turquie comprendra ce que cela signifie pour un peuple qui fume pratiquement toute la journée. Les matchs sont en 3D. une boîte. Le stock d'huile de paraffine est épuisé , ainsi que celui du chocolat, et tous les fromages, à l'exception de l'horrible variété turque, ne sont plus disponibles. Le mouton a progressé de 40 pour cent. en termes de prix et le bœuf n'est pas disponible. Les petits œufs turcs, qui coûtaient un sou il y a huit mois, coûtent désormais deux pence chacun. Le savon est ridiculement cher, mais le Turc n'en souffre pas beaucoup ! Il y a très peu de riz, mais le poisson, bien sûr, est toujours aussi abondant, grâce à la situation unique de Constantinople.

Malgré toutes ces difficultés et inconvénients, la machine de guerre allemande semble se déplacer avec sa précision habituelle. Si le citoyen turc manque de nourriture, le soldat allemand reçoit chaque jour sa ration complète. C'est ce qui devrait être le cas, selon le point de vue allemand.

CHAPITRE V

J'INTERVIEW ENVER PACHA

Germaniser le ministère de la Guerre turc – Halil Bey —
Sans fil déguisé en cirque — Enver Pacha me reçoit — Le
Napoléon turc — Une sorte de dandy — « Si seulement les
Anglais avaient eu le courage » — « En Egypte ! » - La dette
de la Turquie envers la Grande-Bretagne - Les affaires avant
les mœurs - Un Hommage allemand aux troupes
britanniques – Leurs conceptions dans le canal de Suez –
Plans de guerre allemands – Où tuer les Allemands –
L'expédition à Bagdad – Officiers allemands au Mufti.

Le but principal de ma visite à Constantinople était de demander aux Turcs
quels étaient les projets allemands . J'ai décidé de prendre le taureau par les
cornes et j'ai donc appelé le ministère turc des Affaires étrangères pour voir
Halil. Bey , le ministre des Affaires étrangères. Il faut se rappeler que j'étais
en possession d'une présentation personnelle de l'ambassadeur de Turquie à
Vienne. Après quatre tentatives infructueuses, j'ai réussi à le voir grâce à mes
qualifications, qui m'ont permis de recueillir tant d'informations précieuses.
Le ministère des Affaires étrangères, comme tous les autres départements
gouvernementaux, est infesté d'Allemands. Halil Bey , qui m'a reçu avec
courtoisie, est un Turc à l'air prospère, qu'on pourrait qualifier de gros. Il était
franchement pro-allemand.

« Ce dont nous, Turcs, avons besoin, a-t-il fait remarquer, c'est d'une
initiative commerciale allemande. Nous ne le possédons pas encore.
Regardez ce que l'Allemagne a fait pour la Roumanie ; elle l'a réorganisée et
remise sur pied. La Roumanie est aujourd'hui riche, prospère et pleine
d'entreprises. Les Allemands ne sont avec nous que pendant la durée de la
guerre », a-t-il ajouté, « et ils aideront la Turquie à devenir une nation riche.
Voyez ce qu'ils font pour nous en Anatolie. Nous y avons 200 sous-officiers
allemands qui enseignent au peuple l'agriculture moderne.»

J'ai décidé que Halil Bey était un optimiste et un très mauvais étudiant en
histoire. Il est également un tout aussi mauvais juge du caractère allemand.

Mon objectif en recherchant Halil Bey , cependant, n'avait pas tant pour but
d'obtenir ses propres opinions que pour se faire présenter à Enver Pacha. J'ai
insisté très fort sur le ministre des Affaires étrangères.

« Je désire, dis-je, avoir quelques mots avec le Napoléon des Balkans. »

«Cela, répondit-il, est très difficile. Vingt ou trente journalistes autrichiens et
allemands sont venus ici, mais le ministre de la Guerre a été si occupé qu'il
n'a pu en voir aucun ; mais j'essaierai », ajouta-t-il, et prenant le téléphone, il

appela le ministre de la Guerre et eut avec lui une conversation riante en turc dont je ne comprenais pas la nature. En ce qui me concernait, c'était évidemment satisfaisant, et on me dit de me rendre au War Office le lendemain matin, quand Enver Pacha m'accorderait une audience.

Le ministère turc de la Guerre se dresse au sommet d'une colline en plein cœur de Stamboul , le quartier natal de la ville. Il s'agit d'un immense bâtiment trapu entouré d'une balustrade d'environ cinq mètres de haut. La colline offre une vue magnifique sur Stamboul et la mer de Marmora ; mais pour un journaliste pauvre et fatigué, incapable de se procurer une voiture, et qui a travaillé dur pendant une demi-heure pour gravir la colline pour atteindre son but, les gloires de la nature sont quelque peu négligées.

Lors de ma précédente visite à Constantinople, j'avais fait la connaissance du War Office, alors tristement sale et négligé et d'apparence typiquement turque. Maintenant, tout était tellement changé qu'il était à peine reconnaissable . À l'intérieur comme à l'extérieur, il a été redécoré . L'intention des Allemands était évidemment que, aussi négligés que fussent les autres bâtiments du gouvernement turc , le War Office soit un lieu qui s'imposerait dans l'imagination.

Une fois de plus, j'ai été frappé par le nombre d'officiers allemands que l'on voyait, bien que pour la plupart en uniforme turc . On les voyait partout et, de toute évidence, toute la direction des affaires était entre leurs mains.

A mon arrivée, je fus conduit dans une antichambre, où je passai quelques minutes en conversation avec *l'aide de camp* allemand d'Enver .

Pendant que nous discutions ensemble, je me suis souvenu d'un incident survenu lors de ma précédente visite au ministère turc de la Guerre en mai 1915. Par l'une des fenêtres, j'avais remarqué un énorme mât appartenant à la grande station sans fil d' Osmanli .

"Qu'en pensez-vous?" » m'a demandé un lieutenant allemand avec qui j'avais conversé. "Avec cette station sans fil, nous pouvons communiquer avec Berlin."

J'en doutais à l'époque, mais j'ai découvert depuis que cette affirmation était tout à fait exacte. J'ai demandé s'il s'agissait de la radio du *Goeben* , assumant délibérément l'innocence afin d'inciter l'Allemand à divulguer davantage.

« Oh non », fut la réponse, « les navires ne portent pas de mâts de cette taille. Celui-ci vient d'Allemagne.

"De l'Allemagne!" M'écriai-je. « Mais la Roumanie ne permettrait certainement pas l'adoption d'un appareil sans fil. Ce serait une violation de la neutralité.

L'officier sourit, un sourire allemand, un sourire de connaissance supérieure. "Eh bien," répondit-il, "en fait, il n'a pas été présenté comme un appareil sans fil, mais je vais vous expliquer le petit appareil que nous avons utilisé pour l'y amener. Nous avons dû réfléchir à un plan, car nous avions cruellement besoin d'un appareil solide, alors nous l'avons obtenu ici sous forme de cirque ! »

J'ai éclaté de rire, mais mon compagnon n'a pas semblé voir quoi que ce soit de drôle dans l'incident. Cela lui semblait plus intelligent que humoristique : c'était un Allemand typique. L'humour n'existe pas lorsqu'il s'agit des besoins de la Patrie.

Bientôt une cloche électrique sonna, appelant l' *aide de camp* , qui me conduisit en présence du ministre de la Guerre. Ma première impression d' Enver Pacha fut qu'il était en très bons termes avec lui-même. C'est un petit homme, mesurant environ cinq pieds cinq pouces, avec des yeux noirs comme du charbon, une moustache noire et des traits généralement plutôt beaux. Il a environ trente-cinq ans, mais il paraît plus jeune et il a visiblement pris grand soin de lui. Son visage exprimait une expression heureuse et satisfaite qui ne le quittait jamais un seul instant. Je ne saurais dire si c'était habituel ou si c'était supposé pour mon bénéfice particulier. Il était bien habillé et soigné, avec quelque chose de dandy en lui ; en bas, sur la poitrine gauche, il portait la croix de fer de première classe. Il parlait parfaitement allemand , Halil ne parle que français .

Enver sourit en me serrant la main, non seulement de mon fez, mais aussi de ma carte imprimée en caractères turcs. Il y avait un joyeux scintillement dans ses yeux et il avait des manières extrêmement faciles. On dit qu'il s'inspire non pas du seigneur de la Grande Guerre mais de Napoléon, au point même de monter un destrier blanc. L'impression générale à Constantinople était qu'il n'était pas peu fier de lui-même. À aucun moment il ne m'a permis d'oublier qu'il me donnait gracieusement un peu de son temps précieux. Son premier acte fut de fabriquer un grand étui à cigarettes en or, dans lequel il m'invita à prendre une cigarette, après en avoir soigneusement choisi une lui-même. Il s'appuya ensuite confortablement dans son fauteuil et attendit mes questions.

Pour le faire parler, je lui ai demandé s'il était vrai que la Grande-Bretagne était prête à conclure une paix séparée avec la Turquie et, dans l'affirmative, quel serait le résultat d'une telle ouverture.

"C'est trop tard", répondit-il en souriant. «Ils ont peut-être eu cette conception, et cela aurait pu réussir; mais nous apprenons que l'Entente – ou comme il les appelait en plaisantant la mal-Entente – « les puissances ont des projets de livrer Constantinople à la Russie, et cela nous a obligés à rester avec les puissances centrales. »

Faisant référence à la campagne de Gallipoli, il déclara : « Si seulement les Anglais avaient eu le courage de faire passer davantage de navires à travers les Dardanelles, ils seraient arrivés à Constantinople, mais leur retard nous a permis de fortifier complètement la péninsule, et en six semaines nous y avait démonté plus de deux cents canons Skoda autrichiens.

« Mais, poursuivit-il, même si les navires britanniques étaient arrivés à Constantinople, cela ne leur aurait pas été d'une grande utilité. Notre plan était de retirer notre armée dans les collines environnantes et en Asie Mineure et de laisser la ville à leur merci. Ils ne l'auraient pas détruit et le résultat aurait été simplement une *impasse* . Avec les Allemands, nous pouvons attaquer l'Empire britannique par le canal de Suez. Notre devise est « En Égypte ! »

Je lui ai dit que dans mon pays, nous avions beaucoup de mal à comprendre que la Turquie était réellement en guerre contre l'Angleterre et la France, sachant que sans les efforts de ces deux pays, la Turquie aurait depuis longtemps cessé d'exister en tant que royaume séparé en Europe.

«C'est tout à fait exact (sie haben recht) », répondit-il sans réfléchir. Mais du même souffle, il murmura : « Tout ce que l'Angleterre a fait pour la Turquie n'a pas été dicté par amour, mais plutôt par considération pour ses propres intérêts. L'Angleterre craignait la concurrence de la Russie en Méditerranée.»

J'étais un peu méfiant quant à l'attitude complaisante d'Enver , mais je crois qu'il était sincère dans ce qu'il m'a dit. Je l'ai observé avec beaucoup d'attention lorsqu'il m'a dit que le sacrifice de quelques navires supplémentaires aurait amené les Anglais à Constantinople, et je suis convaincu que c'est là sa ferme opinion. Je ne pouvais m'empêcher de penser à la pitié de tout cela et au fait que 200 000 victimes auraient pu être épargnées par un peu plus d'entreprise. J'appris que cette opinion était générale à Constantinople, même dans les hautes sphères diplomatiques.

Au bout de dix minutes Enver se leva et remarqua : « Vous devez m'excuser maintenant, je suis occupé. » Il m'a serré la main et a quitté brusquement la pièce. J'en fus un peu surpris, mais j'en conclus que, dans ses nombreuses responsabilités, il n'avait jamais eu le loisir d'étudier les bonnes manières, ni la courtoisie due même à un journaliste. Si j'avais été Anglais, j'aurais mieux compris son attitude ; car, il y a quelques années, il visita l'Angleterre, où il ne reçut pas l'attention qu'il espérait. Le résultat fut qu'il revint à Constantinople avec une attitude fortement anti-britannique.

d'Enver quant à la possibilité que la Grande-Bretagne force les Dardanelles, si elle avait fait preuve d'un peu plus de vigueur et d'indifférence à l'égard de la perte de quelques navires, j'ai trouvé un écho chez les officiers allemands que j'ai rencontrés au palais de Pera et à l'hôtel Continental : où je suis resté à mon retour d'Asie Mineure, seulement dans leur cas cela s'est exprimé avec plus de véhémence. Les Turcs n'ont pas vraiment d'aversion pour les Anglais ni pour les Français, bien que tous les mots français aient été supprimés des enseignes des magasins de Constantinople.

Les officiers allemands, cependant, étaient très libres d'exprimer leur haine envers les Britanniques, tout en étant pleins d'admiration pour la capacité de combat de leurs soldats. De tous côtés, j'ai entendu dire qu'ils auraient aimé pouvoir commander des Tommies britanniques, australiens et canadiens. L'opinion générale exprimée à Constantinople est que l'armée germano-turque unie détruira le canal de Suez d'un bout à l'autre, si nécessaire, en le remplissant de son sable ancien et en le rendant ainsi impraticable.

« Mais si vous faites cela, ai-je fait remarquer à plusieurs d'entre eux, les Britanniques retourneront simplement à leur ancienne route vers l'Inde *via* le cap de Bonne-Espérance. »

Jamais ils n'ont apporté une réponse à cette question. L'Allemand a une capacité extraordinaire à ne pas voir plus loin que son objectif particulier. C'est une créature qui crie « À Paris ! » « À Calais ! » «À Varsovie!» "En Egypte! » ; et lorsqu'il se trouve rebuté, il oublie son objet, tout comme un enfant oublie un jouet lorsque quelque chose de plus intéressant se présente.

tous admettaient qu'il n'y avait aucune chance pour les Allemands d'atteindre Paris. Leur argument était — et il faut se rappeler que beaucoup d'entre eux avaient combattu à l'Ouest — qu'ils avaient effectivement muré les armées anglaises et françaises et les avaient pratiquement rendues impuissantes, se permettant ainsi, avec leurs alliés autrichiens, , turc, bulgare et arabe – pour opérer librement sur le front de l'Est.

Comme je l'ai dit, mes instructions étaient de découvrir quels étaient les plans allemands à l'Est. Dans ce but, je me suis mêlé librement au plus grand nombre possible d'Allemands et de Turcs. Je ne perdais aucune occasion d'entrer en conversation avec quiconque se montrait le moins disposé à converser. Heureusement je parle parfaitement français, et presque aussi allemand. Le français m'a permis de parler aux Turcs, et mon allemand m'a permis de « me rapprocher », comme disent les Américains, non seulement des soldats allemands, mais aussi des officiers et des civils qui sont stationnés ou de passage à Constantinople le 31 décembre. en route vers l'Asie Mineure.

Cela semble faire partie du plan économique allemand visant à faire de la Turquie une grande dépendance allemande et à forcer les Turcs à cultiver le sol qui, dans certains endroits, est le plus riche du monde. Le véritable humour de la situation se développera lorsque le Turc découvrira dans quoi il s'est lancé . Quant aux plans militaires allemands, ils sont, autant que j'ai pu le comprendre, au nombre de trois. Mon point de vue est qu'ils tenteront les trois simultanément, puis les laisseront se développer selon que la fortune le décidera. Ces plans sont (1) le plan Bagdad-Perse-Inde ; (2) le plan Caucase, pour affronter les Russes ; (3) L'Egypte et le plan du canal de Suez.

Un après-midi, un Allemand m'a dit : « Si seulement les Anglais et les Français savaient, le bon endroit pour tuer des Allemands se situerait entre Nieuport en Belgique et Mulhausen en Alsace ; mais en raison de leur travail d'état-major inférieur, du manque de munitions, de la peur de nos fusils, de nos gaz, de nos mines et de nos mitrailleuses, ils nous laissent relativement tranquilles sur le théâtre occidental et nous permettent de menacer la ligne de communication vers l'Inde et le ridicule Townshend Expedition, qui n'arrivera jamais à Bagdad.

Il existe parmi les officiers allemands un mépris général pour le travail d'état-major anglais et français, en particulier anglais. A l' hôtel Sachim Pacha de Stamboul, j'ai rencontré un vieux Turc agréable qui parlait extrêmement bien le français. C'était le Vali de Bagdad (une sorte de juge de paix, je crois), venu rendre compte aux Allemands de l'état des forces anglaises et turques. Ce qu'il disait était pratiquement une répétition de ce qu'Enver m'avait dit quelques jours auparavant à propos de Gallipoli : « Nous avons été très alarmés lorsque nous avons appris leur arrivée, a-t-il fait remarquer, car nos défenses étaient en mauvais état et nous avions rien que quelques vieilles armes. Nos espions nous dirent cependant que les forces du général Townshend étaient petites, et nous prîmes donc courage et tenâmes les Anglais en échec jusqu'à ce que nous puissions obtenir nos renforts ; maintenant, grâce à Allah, ils n'atteindront jamais notre ville sainte, leur force de secours arrive trop tard.

Il ne m'appartient pas de donner des conseils au gouvernement britannique. Comme je l'ai dit, j'aime ce pays tout comme je déteste les Allemands, mais j'aimerais que les ministres britanniques puissent comprendre combien de fois le terme « trop tard », en relation avec les opérations des Alliés, est apparu au cours de mon voyage. .

Les autorités allemandes de Constantinople ont été incitées par la population de Bagdad à y envoyer tous les hommes disponibles, alors que le souhait immédiat des Turcs est d'atteindre le canal de Suez et de regagner ainsi leur belle province d'Égypte et du Nil. Le sentiment turc combiné à la haine allemande envers l'Angleterre pourrait probablement précipiter l'avancée immédiate sur le canal. Depuis mon retour en Angleterre, on m'a souvent répété que c'était impossible, que ce n'était que du « bluff ». Je me souviens que les mêmes choses ont été dites lorsqu'Enver Pacha a annoncé, il y a des mois, que les Allemands venaient relever Constantinople. Ma propre opinion – qui, bien sûr, ne vaut peut-être rien, mais qui est le résultat de discussions avec des dizaines de Turcs et d'Allemands à Constantinople et en Asie Mineure – est qu'à moins de grands efforts combinés en France de la part des Britanniques et des Français, , et dans le Caucase par les Russes, les Allemands et les Turcs pourraient atteindre un – au moins un – de leurs trois objectifs, peut-être deux, peut-être même les trois. Les facteurs déterminants sont la pression exercée par la marine britannique détestée et une activité accrue en France, en Belgique et en Russie.

Chaque après-midi, à quatre heures de l'après-midi, les officiers allemands, qui arrivent constamment de Berlin à l' hôtel Pera Palace pour recevoir leurs instructions, enlèvent leurs vêtements militaires et se présentent en mufti. Là encore, nous avons la preuve de la subtilité allemande. Personne au monde n'aime son uniforme comme l'officier allemand, mais, comme me l'a dit un lieutenant bavarois farfelu : « Nous ne devons pas donner aux Turcs l'impression que nous sommes une volée de sauterelles allemandes. Nous ne voulons pas que le pont de Galata ressemble tout le temps à Unter den Linden, c'est pourquoi dès que nous avons accompli notre devoir, nous nous promenons en tant que civils.» Ils sont sages. Constantinople paraît déjà assez allemande ; c'est-à-dire aux yeux des Turcs. Il y a des journaux allemands imprimés dans la ville, il y a les équipages du *Goeben* et *du Breslau* portant le fez turc, et des sous-marins, et des nuées d'Allemands divers, tous ayant leur objectif particulier en vue. Ces faits en eux-mêmes suffisent à susciter l'inquiétude dans le cœur du Turc le plus pro-allemand. Ma propre impression est que, quel que soit le résultat de la guerre, les Allemands ont une telle emprise sur le Proche-Orient qu'il sera pratiquement impossible de les chasser . L'argent est rare en Allemagne, mais les Allemands semblent avoir beaucoup à dépenser en Turquie et en Asie Mineure.

CHAPITRE VI

JE VISITE L'ASIE MINEURE

Une gare remarquable - Je pars pour Konia - Le chemin de fer anatolien - Comment se rendre à Bagdad - Instructions élaborées - Nécessité de la prudence - Prisonniers anglais et français - Instruire le Turc dans les arts de la paix - Un dormeur bruyant - La haine de Hambourg envers la Grande-Bretagne — Bons plans pour l'Autriche et la Turquie. — Maréchal von der Goltz . — Je retourne à Constantinople.

Après avoir passé neuf jours à Constantinople, je résolus d' entreprendre ce que je voyais clairement comme la partie la plus dangereuse de mon voyage. À cette époque, je ne m'attendais pas à rencontrer le Kaiser et son garde du corps détective à Nish.

Je savais que le chemin de fer anatolien était fermé aux voyageurs civils ordinaires , car toute l'Asie Mineure est ce que nous appelons ici « la zone de guerre ». Cependant, après mon entretien avec Enver Pacha, je pensais qu'il ne serait pas si difficile d'obtenir l'autorisation de voyager à l'intérieur de la Turquie, et en fait, après deux jours d'efforts incessants et de nombreuses heures passées dans les antichambres, j'ai eu de la chance. de quoi obtenir l'autorisation tant désirée. Il était indiqué sur mon passeport, en caractères turcs, sous le cachet du ministère turc de la Guerre, que je serais autorisé à voyager dans la zone militaire, c'est-à-dire que je pourrais entrer en Asie Mineure.

J'ai pris le ferry pour traverser le Bosphore jusqu'à la gare de Haidar Pacha, un édifice somptueux, point de départ de toutes les grandes entreprises allemandes à l'Est. Il a été construit tout récemment par une entreprise allemande et se dresse là comme un monument de l'entreprise et de la capacité de cette étonnante nation. Haidar Pacha lui-même n'est qu'un simple village au bord de la mer de Marmora, et la station se distingue par l'une des plus belles positions de ce type au monde. Le cœur de tout patriote germanique frémit lorsqu'il se pavane dans la grande salle et lit les diverses affiches dans sa langue maternelle.

Le reste du monde a beaucoup à apprendre de la gare allemande, et celle de Haidar Pacha est une leçon de propreté pour les Turcs. La campagne environnante semble pauvre, toutes les maisons sont petites et mal entretenues , et plus on regarde la belle gare, plus son contraste avec son environnement est évident. Il faut rappeler que tout soldat turc ou allemand se rendant sur le front caucasien, mésopotamien ou égyptien devra passer par la gare de Haidar Pacha, terminus de l'Anatolien, et de fait de tous les chemins de fer turcs en Asie.

Mon teint foncé, associé à mon port habituel du fez, m'a amené à attirer moins d'attention qu'il n'aurait été le cas autrement. J'avais heureusement fait une petite connaissance avec *l'aide de camp* allemand d' Enver Pacha , et il m'a très gentiment offert des instructions officielles sur la manière de se rendre à Bagdad, où s'arrêter, combien payer dans les soi-disant hôtels, etc. en avant. Je ne peux qu'espérer, pour sa tranquillité d'esprit, qu'il ne lise jamais ce livre.

Cette liste d'instructions est un exemple typique de la minutie allemande et est imprimée en français car, bien que les Allemands pullulent désormais en Turquie et en Asie Mineure, la seule langue possible pour un voyageur en visite dans des endroits reculés est le français, c'est-à-dire à condition il ne connaît pas le turc.

Je considère le document comme présentant un tel intérêt que je le reproduis ci-dessous, accompagné d'une traduction.

BULLETIN DES RENSEIGNEMENTS

sur le voyage de Haidar-Pacha à Rees-el-Ain.

1. Départ de Haidar-Pacha , arrivée le soir à Eski-Chehir ; Hôtel Tadia (Mme. Tadia).

2. Départ d'Eski-Chehir , arrivée à Konia; Hôtel de la Gare construit par la Société (Mme. Soulié).

3. Départ de Konia, arrivée à Bozanti . Il n'y a pas à Bozanti qu'un simple han .

4. Trajet fr voiture de Bozanti à Tarse, 70 kilom . en 10 à 12 heures sur bonne chaussée . Les voitures doit être commandées d'avance au Handji de Bozanti ou à Tarse, si je suis sur veut poursuivre le voyage sans arrêt à Bozanti . Prix des voitures , de Ltqs 2 à 5 suivant les circonstances . Entre Bozanti et Tarse il ya plusieurs Khans où je suis sur peut à la rigueur passer la nuit : Sary Chcih , Mczarolouk , Yéni -Han. Il se recommande d'emmener son lit de camp et de se pourvoir d'approvisionnements et de boissons suffisants .

5. Tarse, environ ¾ d'heure avant d'y arriver sur la ligne du MTA à la Halte de Kulek-Bognaz ; à Tarse 3 hôtels : Sérai Hôtelli , Osmanli , et Stamboul (10 p. par lit), en outre restaurant « Bélédie ».

6. Départ de Tarse, arrivée à Mamouré . Mamouré nid qu'une station d'étape militaires . Aucun hôtel ni han . Les voyageurs qui n'ont pas de tente à leur disposition peuvent passer la nuit chez de simples cafedjis , où ils avoir quelques vivres , mais où ils ne peuvent obtenir des lits . Il HNE donc préférable pour les voyageurs non munis de tente et de lit de camp de s'arrêter à Osmanié pour y passer la nuit . Hôtels : Ismyr et Ahmed (5 p. par lit). Les tenanciers de ces hôtels procurer les voitures nécessaires pour le voyage à Radjou. Prix des voitures 2 à 5 Ltqs . suivant les circonstances .

7. Trajet fr voiture d'Osmanié à Radjou. Environ 110 kilos . en 2 jours sur route carrossable , qui est une pendant la bonne saison : le jour; par Hassan bey et le col de l'Amanus à Entilli (environ 50 kil .) ; à Entilli point d'hôtels , rien que de simples cafedjis . Les voyageurs peuvent aussi passer la première nuit à Islahié à environ 12 kilom . d'Entilli ; à Entilli , siège d'un caza , bureau d'étape militaire , plusieurs Hans avec des lits (10 p. par lit.) 2ème jour: de Entilli resp. Islahié à Radjou (6O resp. 48 kil .) ; à Radjoué ni hôtel ni les mains ; rien que des cafedjis .

8. De Radjou à Halep : le même jour (différents hôtels).

9. De Halep à Rees-el-Ain (le même jour). Siège d'un caza . Quelques Hans sans lits ; rien que des cafedjis .

10. De Rees-el-Ain à Bagdad. Trajet qui s'offectue et 10 à 12 jours .

Recommandations spéciales : Lit de camp ou matelas indispensable. Il se recommande d'emmener aussi une tente . Malles doit être de construction très solide et ne doivent pas excéder le poids de 60 kilogrs . par pièce. Au lieu de malles on peut prendre des valises ou des sacs de voyage. Le transport habituel se fait par voiture « Yaili », qui est toujours préférable au voyage à cheval. Se munir de vêtements chaud pour la nuit et d'approvisionnements et de boissons suffisants . Ne pas oublier une petite pharmacie de campagne . L'eau qu'on trouve fr cours de route est souvent nuisible à la santé.

[*Traduction.*]

DIRECTIONS

Pour le voyage de Haidar Pacha à Ras -el-Ain.

1. Quitter Haidar Pacha, arriver le soir à Eskishehr ; Hôtel Tadia , Mme. Tadia .

2. Quittez Eskishehr , arrivez à Konia ; Station Hôtel construit par la société Mme. Sulieh .

3. Quittez Konia, arrivez à Bozanti ; seulement une simple auberge.

4. En calèche ou en voiture, de Bozanti à Tarse, 44 milles en dix ou douze heures sur une bonne route. Les véhicules doivent être commandés à l'avance auprès de Handji de Bozanti ou à Tarsus si vous souhaitez éviter tout retard à Bozanti . Tarif de 2 £ T à 5 £ T (1 £ T nominalement 17 s. 6j à 18 s.), selon les circonstances. Entre Bozanti et Tarse plusieurs auberges pour dormir en cas d'urgence ; Sary Cheih , Mezarolukl , Yeni -Han. Mieux vaut prendre un lit de camp et suffisamment de nourriture et de boissons.

5. Tarse, environ trois quarts d'heure avant l'arrivée, franchit la ligne Tarse-Alep à la halte Kulek-Boghaz . Trois hôtels à Tarse : Serai , Osmanli et Stambul , 10 piastres (1 shilling 8d.) le lit. Egalement un restaurant Beledieh .

6. Quittez Tarse, arrivez à Mamureh . Ce n'est qu'un poste militaire. Pas d'hôtel ni d'auberge. Les voyageurs sans tente peuvent passer la nuit dans les cafés, où ils peuvent se procurer de la nourriture, mais pas de lit. Mieux vaut s'arrêter à Osmanieh si vous n'avez ni tente ni lit. Hôtels Ismyr , Ahmed, 5 piastres (10d.) le lit. Les propriétaires de l'hôtel peuvent obtenir des véhicules pour le voyage à Radju . Tarifs, de 2 £T à 5 £T, selon les circonstances.

7. Voyage en voiture ou en calèche, d'Osmanieh à Radju , environ 70 milles en deux jours sur une route carrossable, ce qui est bon pendant la bonne saison.

1er jour : Hassan Bey et Col d' Amanus jusqu'à Entilli , environ 32 milles. Chez Entilli pas d'hôtels, seulement de simples cafés. Vous pouvez passer la première nuit à Islahieh , à environ 12 km et demi d' Entilli . Quartier général du district d'Entilli , poste militaire, plusieurs auberges avec lits ; 10 piastres le lit.

2ème jour : Entilli (ou Islahieh) à Radju , 38 (ou 31½) milles. Radju , pas d'hôtels ni d'auberges, seulement des cafés.

8. Radju à Alep le même jour. Divers hôtels.

9. Alep à Ras -el-Ain le même jour. Siège du district. Plusieurs auberges sans lits, seulement des cafés.

10. Ras -el-Ain à Bagdad. Le voyage peut se faire en 10 à 12 jours.

Conseil particulier : Lit de camp ou matelas indispensable. Conseillé de prendre une tente. Les malles doivent être solides et ne pas peser plus de 120 livres. chaque. Au lieu de malles, vous pouvez emporter des sacs ou des valises. Le moyen habituel est le véhicule Yaili , toujours préférable au cheval. Procurez-vous des vêtements chauds pour la nuit et suffisamment de nourriture et de boissons. N'oubliez pas une petite pharmacie de bord. Il est souvent risqué de boire l'eau trouvée en chemin.

Il y a naturellement beaucoup moins de danger pour les agents des services secrets dans une ville surpeuplée que dans les petites villes. À Constantinople, je n'étais qu'un parmi des milliers d'étrangers qui allaient et venaient , et cela à une époque de grands changements dans l'histoire de la capitale turque. Cependant, l'arrivée d'un étranger dans un village incite tous les gens du coin à discuter et à spéculer sur l'endroit d'où il vient et pourquoi il est venu. Et cela le met en conflit avec, ou du moins sous la suspicion d'un fonctionnaire mineur maladroit. Il est fort possible que cette personne, zélée dans son désir de montrer son autorité et son patriotisme, puisse, en raison de ses erreurs, tomber sur quelque chose que ses supérieurs ont complètement négligé. Une telle chose m'était déjà arrivée une fois auparavant.

Je résolus donc d'être plus prudent que jamais et de ne rien laisser au hasard. J'avais envie d'aller le plus loin possible le long du chemin de fer de Bagdad, non seulement pour examiner la ligne elle-même, mais pour parler aux passagers *en route* . Les gens des pays étrangers deviennent sociables, et j'ai souvent constaté qu'il y avait plus à apprendre dans un wagon de chemin de fer au cours d'un voyage relativement court qu'au cours d'un long séjour dans une ville. Il existe un lien de sympathie entre les voyageurs , tout comme entre les fumeurs, qui les amène au bout de quelques heures, parfois même au bout de quelques minutes seulement, à devenir communicatifs. Je voulais me rendre à Alep, mais j'en suis arrivé à la conclusion que je ne reviendrais probablement jamais si je pénétrais trop loin sur la route de Bagdad.

Le train pour Eski-Shehr , qui est la jonction du chemin de fer du Caucase, *via* Angora, est parti à quatre heures de l'après-midi. Les soldats turcs en route vers le front du Caucase pour combattre les Russes ne voyagent par chemin de fer que jusqu'à Angora, le reste du voyage s'effectuant à pied. Les routes sont terriblement mauvaises, mais le soldat turc surmonte avec philosophie toutes les difficultés qu'il rencontre, car il est célèbre, à juste titre, pour son cœur vaillant et sa capacité à endurer des épreuves de toutes sortes.

A Angora, je crois, les prisonniers anglais sont confinés. Je n'en ai aucune preuve, hormis une remarque fortuite que j'ai entendue en attendant le train à Eski-Shehr . Je sais pertinemment que des prisonniers français sont à Angora. Plus tard, à Konia, j'ai vu environ 300 prisonniers français, déplorablement négligés, j'ai le regret de le dire, avec peu de nourriture, et mourant comme des mouches. L'état insalubre de ce camp était au-delà de toute description. Les Turcs ne sont peut-être pas naturellement cruels, ou du moins limitent-ils leurs atrocités à l'Arménie. Ils ont leurs propres opinions sur les prisonniers en général. Les prisonniers turcs dans les prisons turques ne sont pas bien traités. Après tout, un prisonnier n'est pas un facteur très important dans l'esprit turc, et il ne faut pas oublier que la pénurie alimentaire s'étend à toute la zone d'opérations allemandes, à l'exception toujours du soldat allemand lui-même. Même à la belle gare de Haidar Pacha, je n'ai pas pu avoir une bouchée de pain ni même un biscuit. Le seul rafraîchissement disponible était de la bière allemande à volonté, produite par une brasserie allemande locale.

Le voyage jusqu'à Eski-Shehr était agréable, même si les trains étaient lents et s'arrêtaient longtemps à chaque gare. Il n'y a pas de trains express sur le chemin de fer de Bagdad. Il n'y avait cependant pas de peinture sur les vitres des voitures, ce dont j'étais profondément reconnaissant, et les voitures elles-mêmes étaient assez confortables. A mesure que nous avancions , j'étais très frappé du nombre de sous-officiers allemands que je voyais travailler et cultiver les terres qui, entre Constantinople et Konia, sont pour la plupart fertiles, en coopération avec les agriculteurs turcs. On m'expliqua que plus de 200 de ces sous-officiers avaient été envoyés en Turquie dans le seul but d'apprendre aux agriculteurs turcs à cultiver leur terre. Ceci, encore une fois, est typique des méthodes allemandes, mais cela a une autre signification. Si Berlin ne croyait pas à la bonne foi des Turcs et n'était pas convaincu que l'Allemagne resterait le maître officieux de la Turquie, on ne prendrait certainement pas toute cette peine pour instruire les peuples d'Asie Mineure dans l'art de l'agriculture. Il n'y a rien de philanthropique chez les Allemands.

Tout au long du trajet jusqu'à Konia, j'ai vu ces sous-officiers allemands, et chaque fois que le train s'arrêtait, certains d'entre eux se précipitaient vers les wagons pour demander des journaux allemands, croyant que tous les passagers venaient de la Patrie, comme d'ailleurs certains d'entre eux l'avaient.

Mes compagnons de voyage étaient typiques de l'invasion allemande de l'Est. Il y avait parmi eux deux marchands de Hambourg, qui allaient rapporter des produits persans. Ils parlèrent particulièrement du cuivre. A l'hôtel de Konia, j'ai dû dormir dans la même chambre que l'un d'eux, et j'avais désespérément peur de pouvoir parler pendant mon sommeil, et en effet, lorsqu'un Turc venait me réveiller le matin, j'ai crié par inadvertance : "Entrez." Le bon Hamburger était allongé sur le dos, dormant bruyamment, et je remerciai la chance qui semblait me protéger de m'avoir envoyé comme compagnon un si bon dormeur . Ce hamburger m'a fait comprendre sans équivoque la signification de la puissance maritime. Les Britanniques ne sont pas vraiment populaires à Berlin, comme on le sait ; mais les sentiments des Berlinois sont doux et doux en comparaison de ceux des habitants du port désolé de Hambourg.

J'ai vu dans les journaux anglais que des approvisionnements arrivaient en Allemagne malgré la flotte britannique, et il existe de nombreuses preuves de ce fait en Allemagne. Mais d'un autre côté, ces approvisionnements doivent répondre à la capacité de consommation de quelque soixante-dix millions de personnes. Un peu aussi est distribué de temps en temps aux Autrichiens, comme pour les faire taire, mais c'est très peu, et je suppose que même les fonctionnaires turcs reçoivent un petit pourcentage dans le même but. Le solde revient à l'armée allemande, car elle ne doit jamais manquer de rien. Il est évident que si l'on doit être Allemand, le plus sage est d'être un soldat allemand.

J'ai vu qu'il était dit que von Mackensen prendra en charge les forces turco-allemandes à Alep, lieu d'où partira l'expédition vers le canal de Suez. C'est actuellement Djamil Pacha, ancien ministre turc de la Marine, qui commande. Des voyageurs venus d'Alep m'ont dit que les forces allemandes et turques réunies là-bas étaient au nombre de 80 000, mais je ne suis pas en mesure de garantir l'exactitude de ces chiffres. Ce que je sais, c'est qu'il y a partout un air d'activité et de préparation générale. On rencontre partout de longs trains remplis de nouveau matériel ferroviaire et télégraphique, de rails, de petits ponts et de nombreuses locomotives. Le Prussien, laborieux et persistant, pousse ses esclaves turcs à des actions qu'ils n'ont jamais connues auparavant. Il est incroyable que des personnalités haut placées parmi les Turcs puissent concevoir qu'ils parviendront un jour à se débarrasser du joug allemand. On voit *en route* une grande quantité de matériel roulant léger, et on m'a assuré qu'il était destiné à la construction du chemin de fer qui traverserait le désert pour mettre face à face les armées turco-allemandes avec les Britanniques sur le territoire. Canal.

Le maréchal von der Goltz est à Bagdad. Il est l'un des généraux allemands les plus âgés avec l'un des plus jeunes états-majors allemands. A Constantinople, on dit que le vieil homme n'est qu'une figure de proue, mais il est extrêmement populaire auprès des jeunes gens qui l'entourent.

A Konia, pour des raisons que je ne puis expliquer, j'ai cru devoir ne plus courir aucun risque, et je suis donc retourné à Constantinople. C'était une grande chance pour moi de l'avoir fait, sinon j'aurais pu manquer le banquet de Nish et je n'aurais pas mérité le surnom de « l'homme qui dînait avec le Kaiser ».

CHAPITRE VII

CONSTANTINOPLE DE L'INTÉRIEUR

Une ville de mutilés et de blessés – Je vois le sultan – La popularité d'Enver – Talaat Bey le véritable administrateur – Jour de Gallipoli – Les « Mafficks » de Constantinople – Le retour des dix mille – Comment les *Goeben* et *Breslau* se sont échappés – Leur arrivée fatidique à Constantinople – Les privilèges allemands – Les mensonges de la presse turque – La situation égyptienne – Un corps de chameaux allemand — Les Turcs, un facteur formidable.

Constantinople me semblait être une ville de mutilés et de blessés. Un matin, je sortis tranquillement de mon hôtel, avec l'intention de prendre une calèche pour Stamboul , un de ces étranges véhicules tirés par deux chevaux maigres mais vigoureux qu'on trouve encore dans les rues à louer. De vingt-cinq à trente voitures me dépassèrent alors que j'essayais en vain de persuader l'un des conducteurs de s'arrêter. Ils ne prêtèrent pas la moindre attention à mes gesticulations, mais continuèrent précipitamment leur chemin. J'étais curieux d'en connaître la raison, et à mon retour à l' hôtel je m'enquis auprès du portier. Il m'informa que les voitures se dirigeaient vers le Bosphore pour récupérer les blessés arrivant de différents champs de bataille. « Après ce que vous m'avez dit, dis-je, j'aurai peur d'utiliser une voiture à Constantinople. Mais secouant la tête, le portier répondit sans passion : « N'ayez pas peur. Sur ordre des Allemands, chacun de ces wagons doit être désinfecté après utilisation. «L'Est est l'Est et l'Ouest est l'Ouest», ai-je médité en entrant dans l'hôtel. Il serait intéressant d'avoir l'opinion franche des Turcs haut placés sur la « minutie » de leurs alliés allemands.

J'ai très vite découvert que tous les grands bâtiments de la ville avaient été transformés en hôpital, l'un des plus grands étant le lycée. Toutes les belles maisons des riches résidents anglais et français, qui surplombent le Bosphore , ont été réquisitionnées pour le Croissant-Rouge, les occupants étant obligés, selon les règles de guerre turques, de vivre dans des hôtels.

Le sultan n'est qu'une simple figure de proue , comme on le sait. Un vendredi, je l'ai vu marcher de son palais vers une mosquée à peu de distance - il a renoncé à faire le plus long voyage jusqu'à l' Aya Sofia par crainte d'être assassiné - et son aspect gros et lourd m'a suggéré que les Turcs connaissaient leurs affaires quand ils lui ont retiré tout pouvoir. Autrefois , un sultan ne pouvait pas paraître dans les rues sans que cela soit l'occasion d'une grande manifestation. C'était hier; désormais, l'enthousiasme populaire était pour Enver Pacha lorsqu'il accompagnait le Commandeur des Croyants. Le potentat lui-même pouvait être persuadé que les acclamations étaient destinées à sa sainte personne, mais tout le monde le savait. On m'a dit que le Sultan laisse tout à Talaat Bey et à Enver Pacha. Pour moi, le sultan ressemblait à une copie non idéalisée d'un rabbin de Rembrandt.

Enver peut prétendre être la puissance derrière le trône, mais le véritable dirigeant de la Turquie est cet homme d'État avisé. Talât Bey , qui, bien que grand germanophile , est crédité de sa croyance en la victoire ultime des puissances de l'Entente. Cette conviction de Talaat explique peut-être certaines rumeurs circulant dans les Balkans selon lesquelles il ne serait pas réticent à conclure une paix séparée.

J'étais à Constantinople lorsque l'évacuation de Gallipoli a été annoncée . La ville était pleine de drapeaux, des foules défilaient dans les rues en criant. Des affiches en turc et en allemand étaient exposées partout. Des bulletins spéciaux de journaux étaient précipités çà et là par des garçons en haillons. Les Turcs, qui ne sont jamais trop prodigues de la vérité, annoncèrent l'évacuation comme une grande victoire de leurs soldats, qui avait conduit les Anglais à être chassés à la mer. Même si je n'avais pas d'autres nouvelles que celles fournies par la proclamation officielle, je n'étais pas le moins du monde inquiété, connaissant bien le caractère turc. S'il y avait eu une grande victoire, il y aurait eu des prisonniers, et l'Allemand connaît trop bien les avantages d'une mise en scène intelligente pour ne pas en produire pour l'édification de la foule en liesse.

Trois jours plus tard, alors que Constantinople se remettait dans une certaine mesure de ses souffrances , environ 10 000 soldats parmi les plus fatigués que j'aie jamais vus passèrent dans les rues, une longue ligne débraillée, la plupart d'entre eux trébuchant comme s'ils étaient à peine capables de se relever. représente la fatigue. Les gens ne savaient pas d'où ils venaient. S'ils avaient su que ces pauvres malheureux étaient quelques-uns des vaillants défenseurs de Gallipoli, ils auraient pu les acclamer plus chaleureusement. Dans l'état actuel des choses, je n'ai vu que peu ou pas d'enthousiasme, même si ici et là les gens couraient pour donner des cigarettes aux hommes.

La vue de ces soldats complètement épuisés m'a marqué toute la journée. Certains d'entre eux étaient si épuisés qu'ils ne pouvaient plus avancer et durent être soulevés et moitié portés, moitié traînés par leurs camarades les plus vaillants. Ils ne portaient ni fusils ni sacs à dos, et ceux-ci les suivaient dans des charrettes. Il était intéressant de constater à quel point l'encadrement allemand des forces turques a été porté . Pour chaque officier turc qui passait dans ce cortège brun et misérable qui sentait si peu la victoire, il y avait deux officiers allemands. Les Turcs ont peut-être droit à toute la satisfaction que leur a procurée l'évacuation britannique de Gallipoli, mais je suis sûr que si les héros de l'Anzac, par exemple, avaient été présents avec moi le matin où j'ai observé la longue ligne usée par la guerre, ils auraient été réconfortés par le fait de savoir que, quelles que soient les difficultés et les privations qu'ils avaient eux-mêmes subies, celles de l'ennemi avaient été aussi graves, sinon pires. Il était évident qu'il s'écoulerait un certain temps avant que ces hommes ne soient suffisamment reposés pour être à nouveau aptes au service actif, et ce en dépit du fait que le soldat turc est célèbre pour ses remarquables capacités de récupération.

J'ai vu dans les journaux (13 février 1916) que d'importants renforts de troupes turques étaient envoyés en Mésopotamie. Cela semble confirmer mon opinion selon laquelle plusieurs semaines de repos seraient nécessaires avant que les hommes qui ont si bien combattu à Gallipoli soient prêts à reprendre le service actif. Même ceux-là doivent être choisis, car c'est une marche longue et fastidieuse d'Alep à Bagdad sur des routes que le mot « misérable » ne parvient absolument pas à décrire.

A Stenia, dans le Bosphore, j'ai vu ces deux navires mystérieux, le *Goeben* et le *Breslau*, ancrés ; il n'y a probablement jamais eu deux navires au monde sur lesquels on a écrit autant d'inexactitudes. Le *Goeben* était en mauvais état et ne se maintenait à flot qu'au moyen des artifices les plus rudimentaires, les trous d'obus étant bouchés avec du ciment. Il est évident que les autorités, qu'elles soient turques ou allemandes, ne considèrent pas qu'il puisse leur être d'une grande aide, car plusieurs de ses gros canons ont été retirés pour être utilisés sur terre. Le *Breslau*, en revanche, est en bon état, et comme je l'ai vu naviguer au mouillage, il avait l'air très impeccable, ayant récemment reçu une nouvelle couche de peinture grise. C'est un navire finement construit et semble capable de se rendre très bien compte de lui-même.

Les histoires sur la façon dont le *Goeben* et *le Breslau* ont échappé aux flottes alliées sont légion. Un député turc m'a fait un récit que je raconte pour ce qu'il vaut. Selon lui, il semblerait que les deux navires s'étaient réfugiés à Messine et qu'à l'extérieur de la limite des trois milles attendaient 24 navires de guerre alliés, comme des chiens prêts à fondre sur leur proie. La perspective d'une évasion semblait désespérée, si désespérée en fait que le commandant du *Breslau* proposa de dépasser son temps alloué dans un port neutre afin que son navire puisse être interné. Le commandant du *Goeben*, cependant, était déterminé à faire un effort pour s'enfuir, et étant l'officier supérieur, son camarade le moins courageux n'avait d'autre choix que d'acquiescer. Ils attendirent jusqu'à la nuit, puis repartirent en se gardant le plus près possible de la côte et ne furent jamais révisés. C'est leur arrivée dans les Dardanelles, m'a assuré le député turc, qui a finalement incité la Turquie à rejoindre les puissances centrales, les Turcs estimant qu'avec l'ajout de ces deux beaux navires à leur marine, ils seraient plus qu'à la hauteur de la flotte russe. dans la mer Noire.

Un jour, j'ai fait une curieuse découverte, non sans signification. Pour traverser le pont de Galata, un péage d'un centime est exigé , que tous les fidèles doivent payer, ainsi que les infidèles. Une exception a cependant été faite dans le cas des Allemands, qui en sont exemptés, et pour cette raison très intéressante. Lorsque le pont fut endommagé par la torpille d'un sous-marin britannique, il y a quelque temps, les Turcs se trouvèrent dans l'embarras de savoir comment le réparer, n'ayant pas d'ingénieurs capables d'entreprendre de tels travaux. Dans leurs difficultés, ils se tournèrent, comme d'habitude, vers leurs amis allemands, qui acceptèrent volontiers d'entreprendre les travaux, et les dégâts furent ainsi réparés. Cependant, lorsque le projet de loi fut présenté de Berlin, les Turcs se tordirent les mains et, les larmes aux yeux, déclarèrent que, même s'ils avaient les meilleures intentions du monde, ils n'avaient pas d'argent.

Le résultat fut que les Allemands durent laisser la facture rester due, mais en guise de reconnaissance pour leurs ennuis et les dépenses qu'ils avaient encourues, ils posèrent comme condition que tous les sujets allemands soient autorisés à traverser le pont gratuitement. frais. J'ai pu le prouver par un test très simple, car en me présentant au péage et en parlant allemand, j'ai été immédiatement autorisé à passer sans qu'on me demande le sou habituel. Cela m'amusait de penser que les vrais habitants de Constantinople devaient payer pour le privilège accordé gratuitement à ceux qui avaient usurpé leur autorité.

L'attitude des Turcs à l'égard de la vérité est trop connue pour nécessiter un commentaire, mais les qualités mensongères dont semble inspirer leur presse sont dignes du mot d'inspiration. Croire quoi que ce soit vu dans un journal turc postule une simplicité et une crédulité qui , assez charmantes en elles-mêmes, ne sont guère de nature à aider celui qui les possède dans la lutte pour l'existence. Par exemple, à Has Keiul , sur la Corne d'Or, une grande usine de poudre a été détruite par une formidable explosion ; les journaux turcs décrivaient avec charme que trois personnes avaient été tuées et six blessées et que seules deux maisons, outre l'usine, avaient été détruites. J'ai décidé de vérifier cette affirmation et j'ai découvert, en visitant ce qu'est le quartier juif, que tout le quartier était en ruines. Deux mille personnes au moins avaient été tuées et, bien que ma visite n'ait eu lieu que quinze jours après l'explosion, les équipes de recherche continuaient à déterrer les cadavres des ruines. Le Turc lui-même n'est pas totalement dénué de minutie.

Au moment où je m'apprêtais à quitter Constantinople , les rumeurs d'une grande offensive russe dans le Caucase circulaient. Presque la dernière chose que j'ai vue, ce sont cinq bataillons de Turcs, magnifiquement équipés et dotés de fusils 1916, partant pour le front du Caucase.

J'aurais aimé pouvoir convaincre le public britannique de la gravité de la situation égyptienne. Ce qui m'a le plus surpris à mon retour dans ce pays, c'est l'incrédulité du grand public face à la menace allemande contre l'Egypte et l'Inde. Je suis un neutre sans intérêt, mais j'ai un grand respect et une grande affection pour un pays où je n'ai reçu que de la gentillesse, et je vois avec inquiétude cet état d'esprit dangereux et apathique. Tout ce que j'ai vu à Constantinople, comme en Asie Mineure, me convainc que les Turcs sont sérieux dans leurs projets d'invasion, et comme toute l'affaire sera sous la direction allemande, elle sera, à la manière des Allemands, menée à fond. Je sens que j'aurai accompli quelque chose si mes paroles peuvent dissiper l'illusion qui semble prévaloir partout sur ce sujet .

Rien ne doit être laissé au hasard et les Allemands ont pris la précaution, en prévision de l'expédition d'Egypte, d'entraîner 4 000 soldats allemands à monter à dos de chameau, l'instruction étant donnée à la ménagerie Hagenbeck à Hambourg. Tous ceux qui connaissent l'Egypte apprécieront la valeur d'un corps de 4 000 chameaux . Alep doit être le point de départ, et un coup d'œil sur la carte de la Syrie montrera son importance. Je serais bien surpris si d'ici quelques mois on n'entendait rien parler de Djemal Pacha, qui y commande. Quand j'étais à Constantinople, le nom du redoutable von Mackensen a été librement mentionné à propos de la direction de cette expédition, mais d'autres travaux lui seront probablement trouvés.

Les Turcs constituent toujours un facteur très redoutable dans la situation et il faut sérieusement compter avec eux . Leurs pertes sont peut-être, et ont sans aucun doute été, très importantes, mais il reste encore beaucoup d'hommes disponibles. En fait , tous les hommes valides sont appelés sous les couleurs . Cela seul devrait donner à la Grande-Bretagne une indication de l'ampleur de la tâche qui attend les Alliés. La Turquie est peut-être l'un des membres les plus faibles face à la combinaison des puissances de l'Entente, mais elle est néanmoins très forte et se renforce d'heure en heure sous la domination magistrale de l'esprit militaire allemand.

La difficulté linguistique en Turquie est plutôt amusante. L'Allemagne a fait de son mieux pour imposer sa propre langue à ses malheureux alliés, mais avec très peu de succès. C'était pour moi une source constante d'amusement d'entendre des officiers allemands commander leurs dîners en français. Partout à Constantinople on parle français ; même les tickets de tramway sont imprimés en français et en turc. Les serveurs, les commerçants, les officiers, parfois même l'homme de la rue, parlent français en plus de leur propre langue. J'allais fréquemment au secours des soldats et des marins allemands dans les magasins qui ne parvenaient pas à se faire comprendre.

L'opinion allemande à l'égard des Turcs est très bien illustrée par le petit épisode suivant. J'étais un jour en conversation avec deux AB du célèbre croiseur *Emden* . En souvenir, l'un d'eux m'a offert le ruban de sa casquette avec le parchemin *d'Emden* dessus. Il m'a informé qu'il avait initialement l'intention de le donner à sa mère, mais il était maintenant convaincu qu'il ne reviendrait jamais vivant à la Patrie, c'est pourquoi je l'ai reçu comme un compliment en échange de la bière et des cigares que je lui avais donnés. Ce marin était communicatif au point de dire : « Nous avons perdu presque toutes nos colonies, et je suis sûr que nous perdrons la dernière, mais nous allons faire de la Turquie notre nouvelle et meilleure colonie. » J'ai entendu des remarques similaires de la part d'autres Allemands.

CHAPITRE VIII

L'« UNTERSEE » ALLEMAND

Ma connaissance de Kiel – Les sous-marins par chemin de fer – Les sous-marins allemands à Constantinople – Mon voyage de découverte – L'exploit du U51 – Le capitaine von Hersing – Le culte du héros allemand – Un exploit audacieux – Un Allemand modeste ! – Von Hersing en Angleterre – L'officier de marine allemand — Son opinion sur la marine britannique — Un incident regrettable — Dr. Lédera emprisonnée. Je rencontre un espion autrichien. Il me confie ses méthodes. L'insouciance des consuls britanniques.

Un axiome, et très précieux, pour un homme employé dans les services secrets d'un journal devrait être de toujours séjourner dans le meilleur hôtel de la ville où il mène des enquêtes. D'une part, les gros poissons nagent dans les grands lacs ; d'autre part, les visiteurs des grands hôtels sont moins remarqués et moins susceptibles d'être suspectés que ceux des petits établissements.

Au Pera Palace Hotel, j'ai eu de nombreuses conversations intéressantes avec des officiers allemands, pour lesquels j'ai dû ravaler mon aversion pour des raisons politiques. Ils me plaignaient amèrement du manque de divertissement, car tous les théâtres et cinémas étaient fermés, et il n'y avait aucune distraction pour les apôtres de « l'Epouvante ». J'étais toujours prêt à faire preuve de sympathie et nous nous entendions très bien.

L'officier de la Légion polonaise à Vienne , qui m'avait raconté le sort terrible du 28e régiment, m'avait présenté à un contremaître-constructeur de sous-marins allemand, venu du célèbre chantier naval Germania de Kiel. C'était un Allemand typique du type vantard, et grâce à un peu de manipulation judicieuse, un peu de bière et beaucoup de flatteries, dont tout voyageur en Allemagne doit emporter avec lui une quantité illimitée, j'ai bientôt découvert un grand traiter du mystère des sous-marins allemands dans la mer de Marmora. Du petit type, il n'y en a, je crois, que quatre ; il est très probable que ce nombre ait augmenté depuis que j'ai quitté la Turquie, comme je vais l'expliquer.

Il y a un peu plus d'un an , les journaux anglais discutaient de la possibilité pour les Allemands de transporter des sous-marins par chemin de fer. Pendant que ces travaux étaient en cours, les Allemands avaient déjà résolu le problème et avaient prouvé de manière concluante que des sous-marins de type plus petit pouvaient facilement être fabriqués dans un endroit par sections et transportés sur des centaines de kilomètres par chemin de fer jusqu'à un autre, où, avec l'aide d'experts, ils peuvent être assemblés. Comme ma nouvelle connaissance me l'a appris, l'Allemagne avait déjà réussi à le faire.

J'ai prouvé l'exactitude de la déclaration de cet homme lorsque j'étais à Constantinople, car j'ai vu pas moins de quatre sous-marins allemands, nos U4, U18 et U25. Je n'ai pas pu détecter le numéro du quatrième engin. Ils étaient de taille uniforme et l'U18 avait peint sur le kiosque une énorme croix de fer, montrant qu'il avait obtenu une grande distinction, du moins grande pour l'esprit allemand.

En louant une barque et portant mon fez, je découvre la base des sous-marins dans l'après-midi du 15 janvier . Il était astucieusement caché derrière deux gros paquebots allemands dans la Corne d'Or, entre l'Arsenal de la Marine et Has Keiul , le petit village entièrement détruit par l'explosion de poudre. À ce moment-là, si mon informateur avait raison (et je n'ai aucune raison de douter de l'exactitude de ses déclarations, car, comme tant d'Allemands, il m'en a dit bien plus qu'il n'aurait dû), le nombre de sous-marins a été porté à six. ; c'est lui qui s'était occupé de les réunir à Trieste. En fait , peu après mon arrivée en Angleterre, j'ai lu dans différents journaux neutres et anglais que deux autres sous-marins allemands de petite taille étaient arrivés à Constantinople en provenance d'un port autrichien de l'Adriatique.

Les officiers et équipages de sous-marins allemands que l' on rencontre à Constantinople ne sont pas du tout du type prussien fanfaron. Ils portent l'uniforme allemand habituel, tandis que leurs camarades du *Goeben* et *du Breslau* , qui arborent le drapeau turc, portent le fez. Les sous-marins dits turcs n'existent que dans l'imagination de certains qui ont intérêt à écrire sur eux. Il s'agit en réalité de sous-marins allemands battant pavillon naval allemand. J'ai des raisons de croire également qu'il existe très peu d'avions ou d'hommes volants turcs. Un journal américain a suggéré que ce serait peut-être un sous-marin turc qui aurait coulé le *Persia* ; mais comme il n'existe pas de sous-marins turcs, l'un d'entre eux ne peut pas être coupable de ce crime contre la civilisation .

Il ne faut pas confondre ces sous-marins plus petits avec le U51 qui, comme l'ont fièrement décrit les journaux allemands, a fait le grand voyage de Kiel à Constantinople, soit par la Manche, soit par le passage nord autour de l'Écosse. Cela s'est produit au printemps 1915.

Le U51 est un énorme engin, peint en gris foncé, son apparence étant très évocatrice de son sinistre objectif. Il est doté d'un gros canon monté à l'avant. La taille de l'engin m'a étonné lorsque je l'ai vu quelques jours après son arrivée à Constantinople, lors de ma première visite, et je pense qu'il doit être l'un des plus grands à flot. Malheureusement, je n'ai pas été autorisé à monter à bord : les privilèges que mes papiers pouvaient m'assurer étaient limités. A côté de ce Léviathan, l'U4 et ses sœurs n'auraient l'air que de simples pygmées ; mais ce sont de petits engins vicieux, des frelons aux piqûres acérées et douloureuses.

Maintenant que Weddigen a été tué , le capitaine von Hersing est le héros populaire de la marine sous-marine allemande. C'est le genre d'homme qui possède un fort attrait pour le sportif anglais. Il est de l'ordre de Max Horton, et c'est lui qui a coulé le *Triumph* et le *Majestic* .

En Allemagne, les héros sont créés à la moindre provocation possible et pour des réalisations très indifférentes ; mais le capitaine von Hersing mérite certainement sa renommée. Il est modeste, une qualité plutôt rare dans l'Allemagne d'aujourd'hui.

L'histoire de son exploit, qu'il m'a racontée lors de ma première visite à Constantinople, a déjà été racontée à maintes reprises. Aussi doucement que n'importe quel Anglais l'aurait fait, il me décrivit ce merveilleux voyage ; comment il a récupéré de l'essence dans le golfe de Gascogne à une heure et un lieu exactement fixés ; comment il passa devant Gibraltar en plein jour, à la surface de l'eau ; les souffrances qu'il a endurées pendant l'emprisonnement de son bateau pendant deux heures dans un filet sous-marin britannique au large de Lemnos ; comment il s'est finalement échappé avec une hélice endommagée et est arrivé à Constantinople au début du mois de mai.

Pendant tout le récit de ses exploits, la chose la plus proche de l'auto-glorification que j'ai pu déceler dans ses manières était un éclair momentané de l'œil, que personne ne pouvait nier, même à l'amiral Beatty lui-même. Il n'était pas enclin à discuter de la guerre, et je me souviens qu'à l'époque, je trouvais combien cette attitude était correcte chez un officier et combien différente de celle de beaucoup de ses camarades du service terrestre, qui ne discutaient de rien d'autre.

Il m'a dit qu'il avait passé beaucoup de temps en Angleterre et qu'il aimait les Anglais. La promptitude avec laquelle il a nié que ce soit son bateau qui ait coulé le *Lusitania* ne m'a laissé aucun doute sur sa vision de cet outrage colossal. En fait, j'ai entendu de nombreuses sources que la marine allemande considère cet exploit discréditable comme une tache sur son nom. Je lui ai parlé à plusieurs reprises au Pera Club, où il y avait relativement peu d'Allemands et beaucoup de nourriture, l'un expliquant probablement l'autre.

Si tous les Allemands étaient du même type que les officiers et hommes de marine allemands, le mot « Hun » n'aurait probablement jamais été appliqué ; cela ne conviendrait certainement pas aussi bien. Dans leurs moments les plus francs , ces officiers et hommes de marine avouent qu'ils détestent le travail horrible qu'ils sont obligés d'accomplir ; mais qu'ils n'ont d'autre choix que d'exécuter les ordres reçus de Berlin. Il y a sans doute parmi eux des brutes, mais les officiers de marine allemands que j'ai rencontrés se comparent très favorablement à leurs collègues fanfarons du service terrestre. Les marins allemands ne se méprennent pas sur la puissance et l'efficacité de la marine britannique. Ce ne sont pas eux qui répandent l'histoire de la flotte britannique cachée dans les ports tandis que les navires allemands naviguent fièrement sur la mer du Nord. Ce ne sont pas eux qui demandent plaintivement : « La flotte britannique ne sortira-t-elle jamais ? Ce sont des hommes pratiques, et pour la plupart des hommes honnêtes, et ils savent que l'Allemagne a entre ses mains la responsabilité de faire sortir la flotte britannique d'une manière non équivoque .

Les Allemands sont contrariés car les précieux navires de la marine britannique ne défilent pas dans les environs d'Heligoland et de Wilhelmshaven et ne se laissent pas torpiller par les sous-marins allemands. L'idée allemande de la guerre navale est parfois enfantine, mais elle appartient au profane et non à l'expert. « Notre peuple a commencé la guerre dix ans trop tôt », m'a dit un officier allemand.

Il n'est pas difficile de constater qu'il y a très peu d'amour perdu entre l'armée allemande et la marine allemande, ce qui n'est guère étonnant . Il suffit à un observateur très occasionnel de comparer les caractères des deux classes d'hommes, tels que je les ai vus à l' hôtel Pera Palace ; celui qui se pavane et se pavane, grogne du manque de divertissement, grogne si le *Liebesgabe* (colis) de Berlin, avec sa saucisse (*leberwurst*) et autres, ses cigares et *son pâté de fois gras* , a un jour de retard ; l'autre calme, bien élevé, habitué aux grandes difficultés et aux dangers depuis l'enfance, se respectant et respectant les autres — c'est l'approche la plus proche d'un gentleman anglais que les Allemands sont capables de produire. Peu d'officiers de marine sont originaires du pays hun de Prusse.

Il est incontestable que le naufrage du *Lusitania* est terriblement impopulaire au sein de la marine allemande, même si le peuple allemand en est devenu hystérique de joie et le considère toujours comme l'un des grands exploits allemands de la guerre.

La présence de sous-marins allemands à Constantinople n'est pas vraiment appréciée des Turcs. Chacun des quatre sous-marins que j'ai vus avait un canon à l'avant du navire ; ce n'est pas une arme puissante, il est vrai, mais c'est tout à fait suffisant pour semer la terreur parmi les habitants de la ville, s'ils ne se comportaient pas selon les idées allemandes.

Il existe encore un certain antagonisme en Turquie à l'égard des Allemands, mais malheureusement très peu. L'emprise allemande est presque suprême, mais ils ne prennent pour autant aucun risque. Ils sont conscients d'un courant de méfiance sous-jacent et n'accordent jamais trop de munitions aux

Turcs, de peur qu'elles ne soient utilisées contre eux-mêmes. Il est notoire que la pénurie de munitions à Gallipoli n'était pas entièrement due à l'incapacité des Allemands à les acheminer là-bas, mais plutôt au fait que le maître ne faisait pas confiance au serviteur. Une Turquie bien munie serait un danger, et une Turquie mal munie serait une garantie.

Un petit incident dont j'ai eu connaissance montre que, même aujourd'hui, les Allemands doivent faire preuve de tact dans leurs relations avec les Turcs. A l'hôtel Tokatlian , à Pera , se réunissait quotidiennement tous les représentants des journaux allemands et autrichiens de la ville. Un jour, je les ai entendus discuter du sort de l'un d'entre eux, le Dr Ledera , du *Berliner Tageblatt* . J'ai compris qu'il avait offensé les Turcs en décrivant comment, en raison de l'état du *Goeben* et de leur propre pénurie de gros canons, ils avaient retiré deux des plus gros canons de ce navire et les avaient démontés pour les utiliser contre les Anglais à Gallipoli. Cette information, que j'ai apportée à ce pays dès juin dernier, publiée officiellement dans un journal aussi important, laissait entendre aux Russes et aux Britanniques que le *Goeben* était pratiquement hors de combat. Les Turcs furent très furieux et arrêtèrent rapidement le Dr Ledera . Il fut envoyé dans un camp d'internement situé dans une région reculée de l'Anatolie, où les conditions étaient loin d'être luxueuses. L'ambassadeur d'Allemagne, feu le baron von Wangenheim , dut exercer la plus grande pression possible pour obtenir la libération de son indiscret compatriote. Après six semaines d'emprisonnement , le correspondant égaré fut ramené à Constantinople, escorté jusqu'à la frontière et sommé de ne jamais retourner en Turquie. Malgré cela, chaque jour laisse le Turc plus désespérément sous le joug de son maître allemand.

J'ai toujours eu mes propres opinions sur le système d'espionnage allemand en Angleterre. D'une chose je suis sûr, c'est qu'il est complet ; mais, comme je l'ai déjà souligné, ce n'est pas aussi parfait que tant de gens dans ce pays sont enclins à le croire. La première chose essentielle pour un espion allemand ou autrichien en voyage est d'obtenir, par des moyens loyaux ou frauduleux, un passeport d'un pays neutre. C'est seulement ainsi qu'il pourra espérer entrer en Angleterre et en revenir en toute sécurité. J'ai rencontré un de ces espions, et la conversation que j'ai eue avec lui est d'un grand intérêt car elle éclaire les méthodes allemandes. C'était un Autrichien et nous avons eu une conversation pendant mon voyage de Vienne à la frontière suisse. Alors que nous approchions de la frontière, il fit des efforts évidents pour découvrir mes opinions et mes sympathies. Je lui ai d'abord permis d'exprimer les siennes, violemment pro-allemandes. Néanmoins, il a déclaré: «J'ai fait partie de ces *Schweinhunden* à deux reprises au cours des six derniers mois.» (Les « Schweinhunden », d'ailleurs, étaient des Anglais.) « Heureusement, je n'ai pas laissé l'herbe pousser sous mes pieds pendant mes sept années de résidence là-bas, et je me flatte de pouvoir parler anglais comme un Anglais. Connaissez-vous l'anglais ? Il a demandé.

"Un peu", répondis-je pour le faire sortir. Il commença alors à converser avec moi dans cette langue, et il avait sans doute raison de se vanter de parler parfaitement anglais. De plus, il avait l'air d'un spécimen très excellent et présentable de la race anglo-saxonne, comme on en voit tous les matins de la saison londonienne, avant la guerre, bien sûr, à Bond Street, Pall Mall ou Piccadilly.

Afin d'obtenir un faux passeport, l'espion voyageur doit d'abord se procurer un faux acte de naissance. Il s'agit bien entendu d'une contrefaçon, mais celle-ci peut être obtenue sans grande difficulté et à un prix raisonnable par ceux qui savent où la chercher. Au début de la guerre, il existait un commerce régulier de passeports dans plusieurs pays neutres, où ils pouvaient être achetés entre 10 et 12 £. Ces jours sont désormais révolus , car le gouvernement anglais a pris conscience du grave danger que représente ce commerce.

Avec un acte de naissance, accompagné d'une lettre d'une société commerciale indiquant que le porteur ou la personne en question souhaite se rendre en Angleterre pour certaines affaires, l'obtention d'un passeport n'est pas aussi difficile qu'il y paraît. Les documents sont présentés au bureau des passeports d'un pays neutre et le passeport nécessaire est obtenu. L'étape suivante consiste à le faire *viser* par le consul britannique, qui n'est pas aussi souvent anglais qu'il devrait l'être. Lorsqu'il est de nationalité anglaise, il est souvent trop vieux pour être sur ses gardes et à l'affût des espions. Une fois le passeport *visé*, l'espion voyageur de naissance ou d'intérêts allemands ou autrichiens arrive à Folkestone , Tilbury , Southampton ou dans tout autre port où un contrôle strict ne manque pas. Dernièrement, les enquêtes ont été particulièrement sévères, mais à quoi cela sert-il si les passeports et les lettres commerciales qui les accompagnent sont basés sur un faux acte de naissance ?

Arrivé en Angleterre, l'espion voyageur communique avec l'espion résident, avec précaution de peur que l'espion résident ne soit surveillé . Selon toute vraisemblance, ils se retrouvent dans un grand hôtel ou dans une gare, rien n'est écrit . Si un rendez-vous doit être pris, il se fait par téléphone ou par message via un tiers.

Dans les premiers jours de la guerre, les espions étaient enclins à la négligence, tellement ils étaient convaincus de la stupidité des fonctionnaires anglais. Le résultat fut qu'un certain nombre d'entre eux assistèrent à une petite fête exclusive qui se réunit à l'aube dans la Tour de Londres. La censure des lettres a sans doute freiné dans une très large mesure la communication écrite .

Pour contrôler l'espionnage, les consuls britanniques à l'étranger devraient faire preuve de la plus grande prudence ; ils ne devraient jamais, à moins d'être absolument sûrs de la *bonne foi* du porteur, *viser* un passeport et, bien entendu, s'ils ne le font pas, le passeport n'a absolument aucune valeur. Si nécessaire, le consul britannique devrait bénéficier de l'assistance d'un détective international avisé venu d'Angleterre et connaissant les langues étrangères, un homme habitué à évaluer les personnalités et à dénicher des informations ; il serait difficile au demandeur d'apaiser ses soupçons, chose qui est très facile avec la plupart des consuls.

La déclaration de mon ami autrichien selon laquelle il s'est rendu deux fois en Angleterre en l'espace de six mois (et je n'ai aucune raison de douter de sa parole) montre que, même aujourd'hui, il existe des imperfections très évidentes dans le système destiné à empêcher les espions d'entrer en Angleterre. En présentant mon point de vue, ce n'est pas dans l'idée d'enseigner aux autorités ce qu'ils font, mais plutôt comme l'allusion d'une personne qui est entrée en contact avec les espions eux-mêmes, et dans l'espoir que mes paroles pourront être utiles. Il ne faut pas oublier que les autorités des points d'entrée ne peuvent juger que sur la base des documents effectivement produits.

CHAPITRE IX

« NOTRE KAISER EST ICI ! »

Sortir de Constantinople – je deviens méfiant – j'en appelle
à Halil Bey - Un appartement sombre - Je visite la préfecture
de police - Je rejoins un train militaire - Une ingénierie
merveilleuse - Un artifice subtil - Le Kaiser à Nish - Je vois
les deux monarques - Un coup de chance remarquable - Je
suis invité au banquet - Avions Fokker .

Le travail des services secrets dans les pays gouvernés par l'Allemagne exige de l'astuce, des ressources et une vigilance constante tant sur les paroles que sur les actes, et beaucoup de « au diable les conséquences ». Être connu dans la zone de guerre allemande comme étant lié à un journal anglais serait naturellement fatal.

Pénétrer dans un pays ennemi en temps de guerre est toujours difficile ; mais en sortir est souvent précaire. J'ai commencé à craindre d' être surveillé à Constantinople. Le système de surveillance allemand est simple et efficace. Si le suspect est suffisamment important, trois ou quatre détectives sont chargés de suivre ses mouvements en permanence, mais un à la fois. Il est donc peu probable qu'il reconnaisse son observateur comme ce serait le cas si un seul homme était désigné pour cette tâche.

Intuitivement, j'ai senti que les quelques papiers très innocents et inoffensifs, mais très importants pour moi, que j'avais avec moi étaient soumis à un examen dans ma chambre à l'hôtel. Par précaution, je les ai réorganisés, en notant soigneusement l'ordre dans lequel ils étaient posés. Lorsque je revins à l'hôtel le soir, mes soupçons furent confirmés : mes papiers avaient manifestement été troublés. Il se peut bien sûr qu'il s'agisse d' une simple curiosité de la part des serviteurs grecs, mais je me souviens que ces mêmes serviteurs travaillent main dans la main avec la police ou les autorités militaires. En conséquence, j'ai décidé de partir avec toutes les expéditions possibles.

A cette époque, les journaux très atténués de Constantinople annonçaient que le Kaiser se rendait à Belgrade. Les mouvements de l'empereur allemand sur le continent constituent autant une énigme pour son propre peuple et ses alliés que pour les sujets des puissances de l'Entente. Il y avait aussi à Constantinople les mêmes rumeurs sur sa mauvaise santé qui s'étaient répandues dans toute l'Europe. D'un autre côté, il y avait une déclaration définitive selon laquelle il venait vers l'Est . Le désir de le voir face à face, si possible, et aussi le désir de quitter Constantinople, m'ont mis au travail pour planifier la manière la plus rapide d' atteindre mon objectif.

Je me suis souvenu de Halil Bey , le ministre des Affaires étrangères, qui m'avait si gentiment obtenu une entrevue avec Enver Pacha. À ma grande surprise, le vieil homme m'a vu immédiatement. Sa salle de réception est très différente de celle de son collègue Enver . Lugubre, misérable, sans lumière électrique ni même lampe à huile, et éclairée uniquement par des bougies, c'était loin d'être le genre de pièce qu'on s'attendrait à voir occuper par un ministre des Affaires étrangères. C'était cependant une autre preuve du bon travail des Roumains en coupant l'approvisionnement en charbon de Constantinople.

J'expliquai à Halil que j'avais un grand désir de me faire l' honneur de voir, si possible, le plus haut seigneur de guerre et que je souhaitais quitter Constantinople pour Belgrade. Halil Bey , comme tous les autres Turcs, était de bonne humeur à propos de l'évacuation de Gallipoli, et après quelques flatteries judicieuses quant à ses énormes pouvoirs, j'ai réussi à obtenir une lettre au préfet de police de Stamboul , et afin qu'il puisse vois-moi instantanément Halil m'a remis sa carte, reproduite ci-dessous.

HALIL LA CARTE DE BEY

Je ne perdis pas de temps pour prendre une des rares voitures publiques qu'on puisse avoir dans la ville, et me dirigeai derrière la paire de chevaux la plus maigre qu'on puisse imaginer jusqu'à la préfecture de police. C'était un peu comme entrer dans la fosse aux lions, mais il fallait le faire . Si la police se méfiait vraiment de moi, je ne resterais pas dans le doute très longtemps.

J'ai été un peu troublé d'apprendre du préfet que le seul moyen de sortir de Constantinople pour se rendre à Belgrade était de prendre un train militaire allemand. Le premier Balkan Express, qui devait relier Constantinople à

Berlin et Vienne, ne devait partir que dans un jour ou deux, et comme je ne me sentais pas enclin à l'attendre, je résolus de poursuivre jusqu'à Belgrade et d'y rejoindre le Balkan Express. Cela me donnerait peu de temps pour examiner cette ville que, comme je l'ai dit, j'avais le plus grand désir de voir. Je dis au préfet que j'avais été honoré par Enver Pacha d'une entrevue et que j'étais sûr que Son Excellence ferait tout ce qui était en son pouvoir pour faciliter mes déplacements.

"Je vais voir ce qui peut être fait", a déclaré le préfet. "Veuillez me laisser votre passeport et rappeler demain matin."

une appréhension considérable que je suis retourné à la préfecture le lendemain matin et, à ma grande joie, j'ai trouvé mon passeport marqué en turc non seulement avec l'autorisation de partir, mais aussi avec l'autorisation effective de voyager par le train militaire vers Belgrade. Le « visieat » (autorisation écrite de sortie de la police), qui prend généralement quelques jours à obtenir, m'a été remis en même temps, j'ai donc été plus favorisé que n'importe quel autre voyageur . J'avais l'impression que les étoiles se battaient effectivement pour moi dans leurs parcours. À 11 h 30, j'arrivai à la gare de Stamboul et me retrouvai bientôt dans une compagnie étrangement variée composée d'hommes de la Croix-Rouge allemande, d'officiers, de sous-officiers et de soldats allemands.

Au cours de mon voyage, j'ai fait quelques découvertes curieuses et intéressantes, toutes tendant à mettre en valeur la minutie et la ruse allemandes. Personne en Angleterre ne se rend probablement compte du merveilleux travail accompli par les Allemands pour réparer les ponts ferroviaires brisés en Serbie. C'est la reconstruction rapide et substantielle de ces ponts, détruits par les Serbes dans leur retraite, qui permet aux Allemands d'atteindre Constantinople en un peu plus de deux jours. Ces reconstructions constituent probablement les plus grandes prouesses techniques que le monde ait jamais connues. Les tunnels qui avaient explosé ont été restaurés dans leur état original avec une célérité merveilleuse , et tandis que je traversais les ponts à grande vitesse, les preuves de la retraite tragique des Serbes étaient visibles de tous côtés. A côté des nouveaux ponts se trouvaient ceux que les Serbes avaient détruits. A côté de la ligne se trouvaient les restes de chevaux morts, les charrettes en panne et les cent et une choses qui marquent la retraite d'une armée poursuivie par ses ennemis. L'Allemand, toujours aussi prudent, avait enlevé les peaux des chevaux, évidemment dans le but de combler le manque de cuir.

Au cours de mon voyage, j'ai reçu un autre exemple de prévoyance allemande. On m'a dit qu'en cas d'invasion de la Grèce par les Bulgares , et que les Grecs détestent les Bulgares comme les Prussiens détestent les Anglais, les envahisseurs devraient porter des uniformes allemands afin de tromper les Grecs. D'immenses quantités de ces uniformes, je l'ai découvert plus tard, se trouvaient à Nish. [1] Y a-t-il quelque chose contre lequel l'extraordinaire esprit allemand ne se prémunisse pas ? Cela ne me convainc cependant pas que les Allemands attaqueront Salonique. D'après ce que j'ai entendu, il semblerait qu'ils aient un respect très sain pour le général Sarrail , dont ils avaient déjà fait la connaissance à Verdun, mais qu'ils n'avaient pas réussi à prendre en raison de sa défense habile et vaillante de cette place forte.

La capacité d'adaptation de l'Allemand n'est nulle part mieux soulignée qu'en Turquie et dans les Balkans. Instinctivement, il sait qu'un Allemand portant un uniforme familier ne sera probablement pas aussi odieux qu'un Allemand portant un uniforme étrange ; par conséquent, sa méthode consiste à se déguiser en adoptant l'uniforme militaire du pays dans lequel il est affecté. C'est l'un des traits les plus importants de son caractère. Par exemple, comme je l'ai déjà dit, on peut voir en Turquie des aviateurs allemands en uniforme turc, et des dizaines d'officiers allemands se trouvent au ministère de la Guerre turc, portant également l'uniforme familier des musulmans.

Les Turcs ne sont en aucun cas optimistes quant à l'expédition de Salonique. Franchement, ils en ont peur et c'est pour cette raison qu'ils se sont fortement retranchés au sud d'Andrinople. Leur crainte est que les troupes alliées n'attaquent Constantinople par le nord-ouest ou ne tentent de couper la voie ferrée.

On a suggéré que ma rencontre heureuse avec le Kaiser était une question de chance. D'une certaine manière , c'était le cas ; mais c'était surtout dû à mon désir persistant de voir Belgrade. Je n'avais pas réussi à y arriver lors de mon voyage aller vers Constantinople, mais j'étais déterminé à ne pas hésiter . Je n'avais aucune idée de rester à Nish, et ce n'est que lorsque nous approchâmes de la gare de cette ville qu'un compagnon de voyage , un sous-officier allemand, regarda par la fenêtre et cria si fort et si excité que tous les voyageurs dans le wagon du couloir, on pouvait entendre : « *Unser Kaiser ist hier* » (notre Kaiser est ici). J'ai bondi, j'ai regardé par la fenêtre et j'ai vu les drapeaux et les décorations, et j'ai senti qu'en effet le destin avait été gentil avec moi.

Le nom magique du Kaiser était trop pour moi. Je ne pouvais pas penser à laisser passer une occasion aussi magnifique de voir le grand seigneur de la guerre, et j'ai donc décidé de laisser le train militaire dans la ville serbe, autrefois capitale, mais maintenant entre les mains des Allemands. Nish était sous la neige. Le jour de mon arrivée, le 18 janvier 1916, était d'une clarté éclatante, un jour comme on en trouve à Montréal ou à Saint-Moritz. J'avais espéré avoir au moins un aperçu du Kaiser, mais j'ai eu bien plus de chance que cela, le rencontrant à plusieurs reprises au cours de cette journée fatidique pour moi. Je n'avais jamais imaginé assister un seul instant à ce curieux et historique banquet royal au cours duquel furent prononcés les vains et glorieux discours latins et allemands télégraphiés dans le monde entier.

Juste au moment où notre train entrait en gare, le Kaiser faisait son entrée officielle dans la capitale serbe, qui est maintenant devenue le quartier général de l'armée allemande, pas comme beaucoup le pensent, de l'armée autrichienne dans les Balkans. Il s'agit d'un vaste arsenal, bourré de munitions de guerre, notamment d'obus pour gros canons et aussi des canons eux-mêmes. La ville est remplie de prisonniers militaires serbes, qui jouissent de leur liberté et se déplacent librement. Ils semblent relativement satisfaits de leur sort.

Mes sentiments lorsque j'ai constaté la présence du Kaiser ne peuvent être appréciés ou compris que par un journaliste . J'ai rapidement rassemblé mes affaires avec l'aide d'un soldat allemand que j'ai appelé à mon aide. J'ai alors décidé de regarder autour de moi et de m'efforcer de m'approcher le plus près possible du Kaiser lui-même. En fait, je n'étais pas loin de lui. Le roi Ferdinand l'avait reçu quelques minutes auparavant à son arrivée de l'Ouest, et le couple royal se promenait bras dessus bras dessous sur la plate-forme, et sans cérémonie. J'ai remarqué un mouchoir dans la main du Kaiser qu'il portait constamment à sa bouche, mais la distance était trop grande pour que je l'entende tousser.

Je n'avais jamais vu Ferdinand auparavant, et cela faisait bien huit ans que je n'avais pas vu l' empereur allemand, et quel changement ces huit années avaient opéré ! Le Kaiser n'est pas un homme de grande taille, comme il est représenté sur les photographies, et à côté de la grande silhouette massive de Ferdinand au nez de faucon - qui se dandine comme un canard - le Grand Seigneur de la Guerre semblait presque minuscule. Le Kaiser portait un long manteau gris, avec un col en fourrure grisâtre et un casque à pointes recouvert d'un tissu semblable à du kaki. L'endroit où se promenaient les monarques était tenu par des gardes allemands . Les gens, parmi lesquels se trouvaient un grand nombre d'infirmières autrichiennes et quelques infirmières hollandaises, ne manifestèrent ni beaucoup d'intérêt ni beaucoup de curiosité. Cela m'a paru aussi étrange que si le Kaiser apparaissait dans n'importe quelle autre ville d'Europe , il ferait sensation . J'ai particulièrement remarqué que les ministres bulgares ôtaient obséquieusement leur chapeau à la vue du Kaiser et s'approchaient de lui avec une attitude de grande déférence et la tête nue. Ils ne semblaient pas manifester la même déférence envers leur propre monarque . Plus tard, j'appris que les relations entre Ferdinand et sa Cour étaient de nature très informelle.

Ce qui m'a le plus frappé chez le Kaiser, c'est son air évident de fatigue. Cela pourrait être dû à la guerre, aux effets de son voyage de deux jours ou à une mauvaise santé . Je ne peux pas dire. Mais il avait l'air d'un homme fatigué et brisé. Ses cheveux étaient blancs, même si sa moustache était encore étrangement sombre, et son visage était tiré et ridé. Il y avait aussi une absence totale de l'ancienne activité du geste, des retournements rapides et nerveux et de l'attitude instable de l'homme. Tout cela dont je me souvenais distinctement de ma précédente rencontre avec lui en 1908.

Cependant, malgré ses fatigues, le Kaiser avait visiblement l'intention de se rendre agréable. Il examinait avec un intérêt apparent les médailles des soldats bulgares, causant avec une affabilité royale et souriait à droite et à gauche. Il n'en était pas moins un homme très âgé et, comme je l'ai dit, il utilisait constamment le mouchoir, une grande affaire turque rouge, brodée de l'étoile turque blanche et du croissant dans le coin.

Alors que j'observais le couple royal, j'ai été approché par deux fonctionnaires bulgares en civil suivis d'une poignée de soldats. Leur mission était de savoir pourquoi je venais à Nish. Celui qui s'adressait à moi parlait exécrablement l'allemand. Au début, il me prit pour un Teuton , mais quand je lui expliquai ma nationalité, il me demanda avec empressement si je parlais français, et parut très heureux lorsqu'il découvrit qu'il pouvait continuer ses interrogatoires dans cette langue, qu'il parlait bien mieux que l'allemand. Je lui ai raconté le but de mon voyage, j'ai flatté ses sentiments patriotiques en complimentant l'armée bulgare et la nation dans son ensemble, et j'ai été invité à l'accompagner dans l'une des salles de la gare, où il m'a présenté au chef de la presse bulgare. Bureau, M. Romakoff . Il me semble que j'ai fait bonne impression aux deux responsables bulgares. Ils bavardaient dans leur langue maternelle avec M. Romakoff , mais, bien sûr, je ne comprenais pas ce qu'ils disaient, mais le résultat de la conversation fut que je fus interpellé par le chef du Bureau de presse et me demanda si je voulais bien ainsi qu'au nom de la presse neutre pour assister au banquet royal qui devait avoir lieu ce soir-là. Ce serait simple mais historique. Je tremblais d'excitation et de joie en pensant à la sensation que ferait mon récit du banquet lorsqu'il parviendrait en Angleterre. Si M. Romakoff avait pu lire dans mes pensées, ce n'eût pas été le seul banquet dont je tremblais, mais ma propre exécution ; heureusement, il n'était pas médium.

Le directeur m'a accompagné sur la plate-forme et s'est montré extrêmement amical. J'ai compris que je devrais être l'un des quatre journalistes présents dans la salle, et je me suis serré dans mes bras à la pensée de la surprise de l'auguste société lorsqu'ils ont réalisé que parmi eux se trouvait le représentant d'un journal anglais détesté.

Entre mon arrivée à Nish et l'heure du banquet, je passai le temps à me promener dans la ville avec deux membres du Bureau de presse bulgare, qui parlaient un français excellent. Je n'avais aucune idée de l'impression qu'ils avaient sur ma personnalité. Je dois être un acteur intelligent pour avoir déguisé mon enthousiasme en une cohérence, même raisonnable.

Mais quelques semaines auparavant, Nish avait été gaiement décoré des drapeaux des Alliés de l'Entente, censés venir en aide à la Serbie pauvre et souffrante ; pourtant, la ville semblait déjà s'être installée dans une existence relativement heureuse. D'après ce que j'ai pu découvrir, très peu de dégâts ont été causés aux bâtiments. On m'assura que les affaires n'avaient pas été aussi florissantes pendant toute l'histoire de la ville. Les soldats allemands dépensaient librement leur argent et presque toutes les plus grandes maisons de la ville avaient été transformées en hôpitaux, dont les fournitures étaient collectées dans les environs.

cours de notre promenade , j'ai remarqué le départ du train Royal et l'arrivée d'un train de munitions, dont plusieurs camions chargés de monoplans Fokker. Je ne revendique aucune connaissance particulière en matière d'avions , mais ces nouveaux Fokkers m'ont semblé avoir une très grande envergure. Pour le transport ferroviaire , les ailes étaient fixées et les moteurs soigneusement recouverts. Un monoplan Fokker est si long qu'il occupe pratiquement la totalité de deux gros camions.

NOTE DE BAS DE PAGE:

[1] En corrigeant les épreuves, le 15 février , j'ai lu sous l'autorité du correspondant du *Morning Post* à Athènes, qu'il y a quelque temps trois des meilleures divisions bulgares du front de Doiran avaient été retirées à Sofia, où elles étaient habillées en Allemands, puis retour à leurs stations !

CHAPITRE X

LE BANQUET À NISH

La salle des banquets - Un petit rassemblement - Le menu -
Le Kaiser et le roi Ferdinand - Von Falkenhayn - Un
personnage impressionnant - La santé du Kaiser - Son
mauvais appétit - Une toux constante - Le triomphe du roi
Ferdinand - Les princes bulgares - Le journalisme allemand
- Un discours explosif - « Salut, César ! » – La réponse tacite
du Kaiser – L'heure du « Renard » – La fin d' une fonction
historique – Le bureau de poste fermé.

Le banquet a eu lieu à la mairie de Nish. La salle du banquet était
abondamment décorée des drapeaux et des couleurs des puissances
germaniques, bien que l'Autriche ne soit pas très visible à Nish, ayant
apparemment fait de Belgrade son quartier général. Lorsque je suis entré dans
la pièce, j'ai été surpris de constater que la fonction devait être relativement
petite. Il n'y avait pas plus de cinquante couverts, et plusieurs places étaient
vides, la fréquentation réelle étant d'environ quarante. L'orchestre des Life
Guards, au nombre d'une vingtaine, était installé derrière des palmiers et
jouait un programme de musique qui est ici reproduit.

Leib-Garde-Regiment

Musik-Programm
für die Königliche Mittagstafel
am 18. Januar 1916

1. Polonaise . . . . Bubeck
2. Ruy Blas — Ouverture . . . . Mendelsohn
3. „Hussarenwalzer" . . . . Ziehrer
4. „Tannhäuser" Fantasie. . . . . Wagner
5. „Die Zauber-Quelle" . . . . Atanassow
6. „Zigeunerfest". . . . . Lehar
7. „Meistersinger" Potpourri . . . . . . Wagner
8. „Valse brillante" . . . . Chopin
9. „Der fliegende Holländer" . . . . . . Wagner
10. Balkanmarsch . . . . Skordew

PROGRAMME DE MUSIQUE AU BANQUET DE NISH

Il y avait trois tables, formant trois côtés d'un carré ; ou peut-être serait-il plus exact de dire parallélogramme. Ils étaient simplement décorés de roses et de fleurs du début du printemps, le jaune étant la couleur prédominante . Le banquet, dont la simplicité était le trait prédominant, était servi par des soldats bulgares . La carte du menu est reproduite ici et j'y joins une traduction.

MENU AU BANQUET DE NISH

LE MENU DU KAISER.

PLATS DES BALKANS.

[*Traduction.*]

NISH, 18 JANVIER 1916.

DÎNER ROYAL.

Les armoiries en haut sont les armes royales bulgares du roi Ferdinand. Il est gravé dans l'original en noir, rouge et or. L'une des chaînes qui entourent le blason est probablement celle de la Toison d'Or.

Les plats sont les suivants :

Bouillon de poulet.
Truite du lac Ochrida (à l'ouest de Monastir).
Pilaf d'agneau.
(Le pilaff est un ragoût des Balkans, avec du riz.)
Chevreuil à la Cumberland. (Le duc maintenant avec l'ennemi.) Pâté de foie
gras .
Fenouil de Varna (Bulgarie) et endive. (Le fenouil est un légume roseau
utilisé en salade ou cuit au beurre.)
Glace bulgare. Pailles de fromage. Dessert.

Comme on pouvait s'y attendre de la part des autorités militaires allemandes, leurs dispositions pour la presse étaient excellentes. Nos sièges étaient proches du parti royal et nous n'avions aucune difficulté à entendre les discours.

Le banquet de Nish était de la raideur royale habituelle. J'aurais probablement dû remarquer beaucoup plus de choses, sans mon enthousiasme et ma nervosité. Le Kaiser était assis à la droite du roi Ferdinand, et à la gauche du roi Ferdinand le général von Falkenhayn , chef de l'état-major allemand, tandis que M. Radoslavoff , premier ministre bulgare, était placé à la droite du Kaiser. Intéressé comme je l'étais par le Kaiser, je n'étais guère moins intéressé par la personnalité de von Falkenhayn , qui est le cerveau de la grande machine de guerre allemande. Bien qu'il soit un homme d'une cinquantaine d'années, il semble n'avoir pas encore franchi le cap du demi-siècle. Il serait difficile de trouver un homme aux traits plus raffinés et plus beaux. Il n'a rien de nettement allemand, sauf peut-être sa minutie, et j'ai eu l'impression que les Allemands ont en lui un directeur de guerre d'une capacité remarquable. Il est soigné et alerte en mouvement, a les cheveux gris coupés court et semble la personnification de la vigueur , de la virilité et de la vivacité. Il semble supporter de manière remarquable le poids de la guerre et ses énormes responsabilités. J'ai rarement rencontré un homme qui m'a semblé aussi bien adapté au travail qui l'attend que von Falkenhayn . Chaque fois que je le regardais alors qu'il discutait librement avec le Kaiser et Ferdinand, j'avais l'impression qu'il s'agissait d'un homme doté d'une vision de grande envergure et d'un grand pouvoir exécutif.

J'étais assis à moins de quinze mètres du couple royal et j'avais toutes les chances d'observer de près chaque changement d'expression ou chaque sourire qui flottait sur leurs visages. Maintenant que je repense à la scène, je vois le Kaiser, non seulement toussant perpétuellement, mais aussi si fatigué que je me demande à nouveau quel grand but l'a amené d'un lit de malade à Berlin à une petite ville serbe aux rues sombres. lampes à pétrole. Ce fut sans doute quelque chose d'extraordinairement important qui le poussa à accepter l'invitation du Petit Tsar à voyager pendant deux jours pour être l'invité d'un dîner de quarante couverts. Quelles que soient les souffrances du Kaiser, il s'efforçait évidemment d'être aussi agréables que possible.

Tout ce dont je me souviens à propos du banquet me confirme dans mon impression que le seigneur de guerre avait délibérément l'intention non seulement d'impressionner le roi Ferdinand, mais aussi les membres de son entourage, sinon il n'aurait jamais pu tolérer l'air d'égalité que le Coburger avait adopté à son égard. Le Kaiser est par nature intolérant au patronage ou à la condescendance de la part même de ses égaux, et encore moins considérerait-il impassible celui d'un inférieur à moins qu'il n'ait un objectif délibéré en vue. Il avait l'air pathétique alors qu'il toussait, comme si sa gorge était obstruée par une substance virulente et irritante, et cela a dû lui coûter un grand effort pour sourire à plusieurs reprises alors que Ferdinand se penchait et lui murmurait quelque chose à l'oreille.

Je me suis surpris à spéculer sur ce qui se passait dans le cerveau du Kaiser lorsqu'il voyait le visage jaune, avec ses petits yeux rusés - des yeux qui me rappelaient ceux d'un prêteur d'argent typique - de son vaniteux et glorieux voisin penché sur lui. Malgré tous ses efforts, Ferdinand de Bulgarie ne pourra jamais dissimuler la suggestion de ruse qui est gravée sur ses traits. Ses petits yeux semblent être les fenêtres d'une âme très sombre, et derrière ce visage à la barbe poivre et sel, au grand nez de faucon, il y a un cerveau très rusé à l'œuvre. Le fait que le Kaiser ne mangeait et ne buvait pratiquement rien au banquet m'a amené à croire l'histoire selon laquelle il mangeait toujours avant d'assister à ces réceptions d'État. Bien sûr, il se peut qu'il ait eu peur de sa gorge. Certes, le monarque n'a jamais rendu moins justice à un repas admirablement cuisiné. Il n'a même pas pris de vin. D'un autre côté, Ferdinand mangeait tous les plats avec beaucoup d'appétit, sirotant avec un plaisir évident sa marque spéciale de vin blanc. De toute la compagnie, il semblait le plus content de lui-même, et quand je le remarquai en train d'étudier le menu, il me vint à l'esprit que sa vanité était flattée de voir au sommet son propre chiffre royal ; c'était son banquet, celui de Ferdinand de Bulgarie, et le Très-Haut avait voyagé pendant deux longues journées et deux longues nuits pour être présent.

J'étais heureux que le roi bulgare soit de bonne humeur , car lorsqu'il sourit, la grossièreté de ses traits est moins évidente. Le contraste entre l'Empereur et le Roi fut cependant plus marqué lorsqu'ils se relevèrent.

A côté du grand et maladroit Ferdinand l'Empereur paraissait presque insignifiant, mais ce n'était pas sa taille qui retenait tant mon attention. Tout au long du repas, j'ai eu du mal à détacher mes yeux du visage hagard de l'auteur de la guerre mondiale qui, en cet après-midi de janvier, ressemblait si peu à un chef de guerre, assis apparemment en train de cracher sa vie dans le mouchoir tissé turc. qu'il tenait fermement dans sa main droite. Ses cheveux étaient terriblement blancs, fonçant un peu à la raie où apparaissaient les racines. Ses joues étaient marquées de nombreuses rides, et lorsque j'évoquai la vision du Kaiser à l'air sain que j'avais vu huit ans auparavant à Amsterdam, je ne pus m'empêcher d'être émerveillé par le changement que ces huit années avaient opéré en lui. La seule chose qui n'a pas changé chez lui, c'est son comportement droit. Il se tenait ferme et droit, comme on l'avait vu saluer aux manœuvres ou en passant en revue sa garde prussienne. Sa pose était celle d'un empereur et contrastait étrangement avec la lourde maladresse de son frère monarque.

Parmi les autres invités présents se trouvaient les deux jeunes princes bulgares. Le prince héritier Boris a dû être une terrible déception pour son père. Il est rond et mince et aurait pu, s'il n'avait pas été prince, être décrit à juste titre comme un voyou. Je ne pense pas avoir de préjugé en disant cela, sans ses vêtements , il aurait tout aussi bien pu être un domestique employé dans la maison de son propre père. Son expression manquait totalement d'intelligence et il paraissait beaucoup plus vieux que son âge. Peut-être les défauts de son père, dont il a peut-être hérité, expliquent-ils cette apparence usée. Il m'a donné l'impression d'être très fatigué. Il est loin d'être beau, avec le gros nez de Coburg, mais heureusement pas bâti à une aussi grande échelle que celui de son père. Le prince Cyrille, le frère cadet, contrairement au prince Boris, est d'une bien meilleure apparence et semble plus intelligent, mais leur père n'a aucune raison d'être excessivement fier ni l'un ni l'autre. Les deux jeunes princes étaient assis entre des officiers allemands et, une fois reconnus par le Kaiser, semblèrent retomber dans l'insignifiance pour laquelle ils étaient si éminemment préparés par la nature.

L'une des choses les plus amusantes peut-être en rapport avec le banquet de Nish était le rapport d'un journal allemand selon lequel le Kaiser, qui était d'humeur joyeuse et enjouée, avait ramassé le prince Cyril, l'avait jeté en l'air et l'avait placé sur son Royal s'agenouilla et l'embrassa. Dans l'enthousiasme du moment, le journaliste allemand a dû oublier le bras flétri du Kaiser , qui lui aurait rendu impossible, aussi enjoué soit-il, de « lancer » un enfant d'une semaine. De plus, comme je l'ai expliqué, le prince Cyrille est un jeune homme adulte, d'apparence bien trop grossière et sans intérêt pour inviter aux baisers même du Kaiser diplomatique. Même si cet auguste monarque aurait voulu se concilier le roi bulgare, il n'aurait certainement pas embrassé le prince Cyrille. Il arrive parfois que les journalistes allemands se dépassent.

Les discours, de caractère politique et grandiloquent, furent largement rapportés partout quelques jours après le banquet. Ils n'étaient pas, comme cela a été affirmé dans certains milieux, délivrés en anglais. Le discours grandiloquent du roi Ferdinand au Kaiser fut, à l'exception des phrases latines, prononcé exclusivement en allemand, un excellent allemand d'ailleurs. Le monarque bulgare parlait facilement et sans notes. Il ne semblait éprouver aucune difficulté à trouver ses mots. Je n'ai pas noté les discours, j'avoue que j'étais bien trop excité pour cela, et je savais d'ailleurs qu'ils seraient diffusés dans le monde civilisé par l'intermédiaire du Bureau de presse allemand. J'ai consulté les colonnes du *Times* pour me rafraîchir la mémoire.

Nous étions occupés avec des cigares Bismarck et du café quand il y eut un brusque silence dans le bourdonnement de la conversation. L'heure des discours était arrivée. Il y eut une excitation tendue lorsque le roi Ferdinand se leva. Il le fit avec l'air d'un homme conscient d'avoir atteint le grand moment de sa vie. Sa voix était clairement entendue dans toutes les parties de la pièce et sa prestation était extrêmement bonne. Il a commencé par souligner qu'il y a deux cent quinze ans ce jour-là, Frédéric Ier était couronné roi et qu'il y a quarante-cinq ans la Nouvelle Allemagne était fondée. Aujourd'hui, le Kaiser, après la glorieuse victoire qui avait accompagné ses armes, pouvait entrer en toute sécurité dans l'ancienne forteresse romaine de Nish. Le roi Ferdinand a remercié le Kaiser pour sa visite dans l'ancienne ville, visite qui a cimenté l'alliance entre les deux pays.

« Le monde », affirmait-il, « a appris à apprécier avec surprise et admiration la force de l'Allemagne et de ses alliés, et croit en l'invincibilité de l'armée allemande sous la direction et la direction de son Kaiser. »

Le Roi a exprimé l'espoir que 1916 pourrait apporter « une paix durable, les fruits sacrés de nos victoires, une paix qui permettra à mon peuple de coopérer à l'avenir à l'œuvre de la Kultur , mais, si le destin nous imposait la poursuite de la guerre, alors mon peuple en armes sera prêt à faire son devoir jusqu'au bout.

À ce stade, le roi Ferdinand trouvait apparemment l'allemand totalement inadéquat pour exprimer correctement ses sentiments et que seule une langue classique suffirait.

« Avé ! Imperator, César et Rex, éclata-t-il, Victor et gloriosus es . Nissa antique omnis Orientis population te salutaire rédemptorem , ferentem opprimer prospérer atque salut . Vive le Kaiser Wilhelm !

[Traduction.]

"Grêle! Empereur, César et Roi. Tu es vainqueur et glorieux. Dans l'ancien Nish, tous les peuples de l'Est te saluent, le Rédempteur, apportant aux opprimés la prospérité et le salut.

Tout cela pour un homme qui supportait la tension de l'occasion avec un effort évident. Même en écoutant les périodes sonores qui le proclamaient

César et bien d'autres choses, il toussait dans ce mouchoir avec ses étoiles et son croissant.

La réponse officielle du Kaiser, qui d'ailleurs n'a jamais été prononcée , mais qui a été diffusée sur ordre des autorités, était la suivante :

« Votre Majesté a surtout insisté aujourd'hui sur les trois époques importantes qui coïncident avec ce jour. Très souvent, en tant que jeune homme, aux côtés de mon grand-père, puis en tant que souverain, j'ai célébré cette journée mémorable, toujours de la même importance, entouré des Chevaliers de l'Ordre.

«Maintenant, pour la deuxième fois, par la décision de Dieu, je le célèbre sur le terrain, sur un ancien terrain historique, un beau morceau de pays conquis par la bravoure bulgare, reçu par le roi au milieu de ses vaillantes troupes et de leurs illustres chefs et honoré par Votre Majesté. avec un ordre élevé, mais surtout avec la nomination du colonel du 12e régiment d'infanterie des Balkans. Ainsi Votre Majesté m'a fait un honneur que je ne pouvais espérer mieux.

« Aujourd'hui, vous m'avez donné la réalisation d'un souhait longtemps caressé, et vos paroles prouvent que nous, en appréciant cette heure, sommes remplis des mêmes sentiments. Nous avons été défiés par nos ennemis, qui enviaient l'Allemagne et l'Autriche-Hongrie leur prospérité paisible et florissante et mettaient en danger, de la manière la plus légère, le développement de la culture de l'ensemble de l'Europe, afin de nous frapper, ainsi que nos fidèles alliés . la racine de notre force.

« Nous avons eu un dur combat, qui va bientôt s'étendre davantage.

« Lorsque la Turquie a été menacée par les mêmes ennemis, elle s'est jointe à nous et, grâce à des combats acharnés, a assuré sa position mondiale.

« La prudence de Votre Majesté a reconnu que l'heure était venue pour la Bulgarie de faire valoir vos anciennes et bonnes revendications et d'ouvrir la voie à votre courageux pays vers un avenir glorieux. C'est dans une véritable camaraderie qu'a commencé la glorieuse marche triomphale de la nation en armes de Votre Majesté, qui, sous la direction de son illustre seigneur de guerre, a ajouté une sublime feuille de gloire à une autre dans l'histoire de la Bulgarie.

« Afin d'exprimer visiblement mes sentiments pour de tels actes et les sentiments de toute l'Allemagne, j'ai supplié Votre Majesté d'accepter la dignité de maréchal prussien, et je suis, avec mon armée, heureux que vous, par en l'acceptant, également dans ce sens, nous sommes devenus l'un des nôtres.

« Avec l'aide gracieuse de Dieu, de grandes actions ont été accomplies ici et sur tous les autres fronts.

«J'éprouve des sentiments de la plus profonde gratitude envers le Tout-Puissant qu'il m'a été accordé aujourd'hui, en ce lieu historique, une fois de plus consacré par un sang courageux, au milieu de nos troupes victorieuses, de serrer les mains de Votre Majesté et d'écouter les paroles de Votre Majesté. , dans lequel se manifeste la ferme détermination de lutter pour une paix réussie et durable, et de maintenir la loyauté et l'amitié scellées dans la tempête de la guerre, dans un véritable travail commun pour la haute tâche qui nous est imposée par le souci du bien-être de nos peuples. .

"C'est avec la plus grande confiance que je poursuis également cet objectif et que je lève mon verre au bien-être de Votre Majesté et de votre Maison, à la victoire de la glorieuse armée bulgare et à l'avenir de la Bulgarie." [2]

Le dîner a eu lieu à l'occasion du deux cent quinzième anniversaire du couronnement de Frédéric Ier et de la fondation par lui de l'ordre de l'Aigle noir. C'est à ce fait que le Kaiser fait référence dans le premier paragraphe de sa réponse.

En fait , le seul autre orateur au banquet, outre le roi Ferdinand, était Von Falkenhayn . Il se leva pour répondre brièvement à quelques compliments que Ferdinand lui avait adressés. Une chose est sûre, c'est que le Kaiser n'aurait pas pu, s'il l'avait voulu, prononcer son discours à cause de la toux incessante qui l'a troublé toute la soirée.

A la fin du banquet, aussi bien servi que bien cuisiné , les hymnes nationaux allemand et bulgare ont été joués, et la cérémonie historique, qui avait été d'une extrême simplicité, s'est terminée avec une formalité qui, dans lui-même était distinctif. Voici quelques-uns des grands acteurs du plus grand drame de l'histoire du monde qui se produisaient, non pas pour le bénéfice des dignes citoyens de la toute aussi digne petite ville serbe de Nish, mais pour le peuple de tout le pays. monde civilisé . Ma dernière impression des deux personnages principaux fut celle de Ferdinand, avec une lueur rusée dans ses petits yeux fendus, serrant la main droite du Kaiser dans les deux siennes. Était-ce pour cimenter un engagement important, ou était-ce simplement un sentiment chaleureux de la part de celui qui avait mérité le surnom de « Le Renard », je me le demande !

Aussitôt sorti de l'hôtel de ville, je me précipitai en compagnie des autres journalistes à la poste, dans l'espoir de pouvoir acheminer mon récit à Londres *via* le pays neutre auquel j'appartiens ; mais j'avais compté sans les censeurs de la presse allemands, qui ont sans doute incité leurs frères bulgares à fermer le bureau télégraphique afin que rien ne sorte de Nich sans avoir été préalablement soumis au Bureau. Mais je sentais que mes nouvelles attendraient et j'ai décidé de prendre le Balkan Express pour Vienne.

Depuis mon retour en Angleterre, j'ai reçu de nombreux messages pleins des plus aimables félicitations pour mon récit du banquet de Nish. Je ne souhaite pas me présenter comme un héros qui ne comprend pas le sens de la peur. Même le Kaiser lui-même n'était pas plus mal à l'aise que moi . Ce que j'ai mangé, je ne sais pas. Je suppose que j'ai mangé. J'étais pleinement conscient que si j'avais été reconnu par l'un des nombreux agents des services secrets à propos du Kaiser, ou par toute autre personne qui m'avait vu par hasard lors d'une de mes précédentes visites, que ce soit en Allemagne ou au Proche-Orient, il y aurait eu une cérémonie courte et simple près du mur de l'Hôtel de Ville, dans laquelle un groupe de tirs et moi-même aurions été les protagonistes.

En quittant la salle des banquets , j'ai ressenti ce qu'Alexandre a dû ressentir à l'idée qu'il n'y avait plus de pays à conquérir. J'avais réalisé, par un merveilleux concours de circonstances, ce que je n'avais jamais rêvé de réaliser, et maintenant tout ce que je désirais était de retourner en Angleterre pour raconter toute l'histoire. J'ai commencé à avoir peur d'être découvert; une telle ruse du Destin serait un suprême effort d'ironie. Il ne me restait plus qu'une chose à faire, c'était de repartir avec la plus grande rapidité possible, mais il s'est avéré que j'avais encore d'autres expériences. Je devais me rendre à Vienne par le célèbre Balkan Express, le « Balkan-Zug », comme l'appellent les Allemands, qui relie Berlin et Vienne à Constantinople.

NOTE DE BAS DE PAGE:

[2] Les remerciements de l'auteur doivent être adressés au rédacteur en chef du *Times* , d'où les discours sont cités , et à l'agence Reuter pour l'autorisation de citer la réponse du Kaiser.

CHAPITRE XI

L'EXPRESS DES BALKANS

L'existence du Balkan-Zug refusée - Un grand facteur stratégique - Le train publicitaire - L'économie allemande - Je rejoins le Balkan-Zug à Nish - Le roi Ferdinand, un autre passager - Sa condescendance - La nourriture excellente - Belgrade en ruine - Arrivée à Buda Pesth - Une formidable ovation – Des prisonniers russes au travail – Arrivée à Vienne – Encore un formidable accueil – Une ponctualité remarquable.

J'ai vu dire dans *Le Temps* que le Balkan Express n'existe pas, que c'est un bluff des Allemands. Je ne peux vraiment pas comprendre comment un rédacteur en chef responsable d'un journal influent peut faire une telle affirmation sans d'abord vérifier s'il écrit la vérité ou non. Se rend-il compte qu'il induit le peuple en erreur, ce qui est de nature à nuire très gravement à la cause des Alliés ? L'importance de l'existence de ce Balkan Express ne peut être exagérée et son utilité ne doit pas être sous-estimée.

Tout d'abord , le Balkan Express *existe* , car j'ai moi-même voyagé dessus. C'est l'un des services ferroviaires les plus parfaitement organisés que j'aie jamais vu, et j'en ai vu beaucoup. Ce service permet aux Allemands de transférer toutes sortes de *matériel* de et vers Berlin à Constantinople et constitue donc l'un des nombreux facteurs importants de la guerre actuelle. Grâce à son aide, les troupes allemandes peuvent être transportées à Constantinople en 56 heures, et de là transférées sur le front qui en a le plus besoin.

Il m'a fallu cinq jours pour voyager de Vienne à Constantinople, par un itinéraire misérable, en changeant fréquemment de train. Lors de mon voyage de retour , je suis entré dans mon compartiment dans le train à Nish et je ne l'ai jamais quitté jusqu'à ce que j'atteigne ma destination, Vienne, et cela dans les 40 heures.

Les Allemands eux-mêmes ne souhaitent nullement que leurs ennemis apprécient la grande valeur que revêt pour eux le Balkan Express. Si l'on parvient à faire croire aux Alliés qu'il n'existe pas, ils seront en conséquence rassurés quant aux projets allemands au Proche-Orient et contribueront ainsi inconsciemment à ces mêmes plans en n'étant pas en mesure de les contrarier. Les Allemands ont de grandes ambitions, non seulement au Proche-Orient mais aussi en Extrême-Orient, et une grande partie de leur énergie est actuellement concentrée sur la réalisation de ces ambitions en

Turquie, dans les Balkans et en Asie Mineure. "En Egypte!" est quelque chose de plus qu'un simple cri politique.

Les Allemands ont la force, les ressources et une détermination farouche pour concrétiser ces ambitions qui porteront atteinte au pouvoir des Anglais détestés dans ce qu'ils conçoivent comme son point le plus vulnérable, le canal de Suez. Rien ne leur plairait davantage que, grâce à une fausse représentation de la situation réelle dans les pays des puissances de l'Entente, de pouvoir créer une surprise grande et dramatique sur leurs ennemis. C'est pourquoi j'écris avec émotion à propos de la déclaration à laquelle je fais référence ci-dessus. Le Balkan Express deviendra très probablement l'un des principaux facteurs de la situation au Proche-Orient. Il ne faut pas oublier qu'il s'agit de bien plus qu'un train de transport de passagers. Il deviendra selon toute probabilité d'une grande importance stratégique. J'avais vu des journaux britanniques et étrangers suggérer que le chemin de fer Balkans-Constantinople ne fonctionnait pas correctement ; le récit suivant, je pense, sera en quelque sorte une révélation pour beaucoup de sceptiques.

Le Balkan Express est le train-spectacle du monde. Jamais il n'y a eu de train avec des responsabilités aussi graves. On pourrait très bien l'appeler « le train de la publicité », car son objectif actuel est de promouvoir la victoire allemande et la minutie allemande. Plus tard, il y aura un travail plus dur à accomplir. C'est probablement le plus beau train d'Europe et il a sans aucun doute été conçu par les Allemands dans le but d' impressionner les milliers de personnes de diverses nationalités qui le regardent avec émerveillement deux fois par semaine sur le chemin de Berlin à Constantinople et deux fois par semaine. de Constantinople à Berlin. L'admiration des Turcs est tempérée par l'inquiétude, car le Turc n'est pas un imbécile et il voit que l' efficacité qui a permis aux Allemands d'atteindre la Turquie peut être la barrière même qui les empêche de jamais en sortir.

Le Balkan-Zug, comme on l' appelle dans les empires centraux, est cependant une source de plaisir sans réserve pour les Allemands, les Autrichiens, les Hongrois, les Bulgares et tous ceux qui le voient au cours de son voyage. Son nom est inscrit en lettres de trois pieds sur chaque wagon. La locomotive et les voitures sont décorées de drapeaux et de fleurs, et chaque passager porte à sa boutonnière un drapeau allemand sur lequel figurent les mots « Balkan-Zug » et la date.

J'avais initialement prévu de prendre le Balkan Express à Constantinople, mais comme il ne partirait que dans deux ou trois jours, j'avais réservé ma place à bord, en obtenant mon billet à Constantinople, avec l'intention de monter à bord à Belgrade, mais les circonstances ont en a décidé autrement. En achetant mon billet, j'ai eu une illustration de la gravité de la question monétaire à Constantinople. Huit mois auparavant, lorsque j'y étais, de l'or était donné dans les banques en échange de chèques , mais cela s'était transformé en une pénurie non seulement d'or mais d'argent, comme je l'ai expliqué, et pour mon billet qui coûtait en réalité 870 piastres (8 £), j'ai dû payer l'équivalent de 12 £ environ, en raison de la dépréciation de la livre turque.

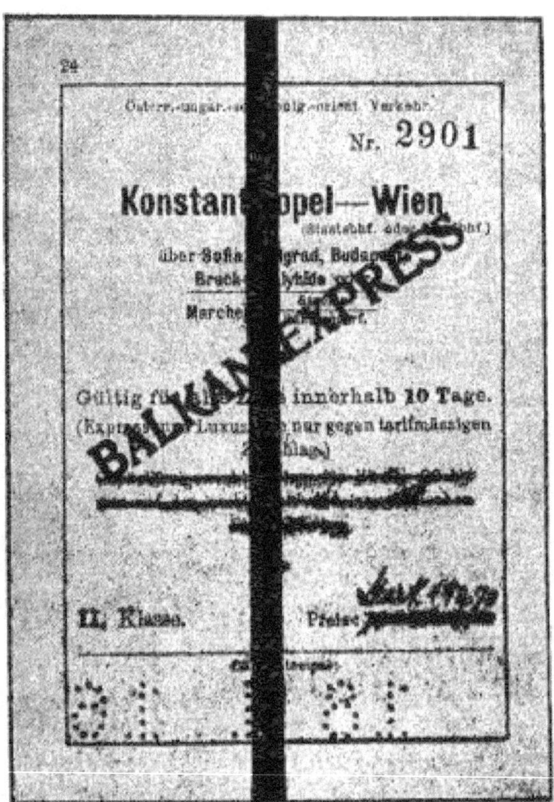

MON BILLET POUR LE PREMIER BALKAN EXPRESS QUI RELIERA CONSTANTINOPLE À BERLIN ET VIENNE

Mon billet pour le Balkan Express, dont l'extérieur est reproduit ici, est une illustration de l'économie allemande et aussi de la faillibilité allemande. Une nation qui dépense chaque jour des millions d'argent pour atteindre son objectif aurait certainement pu se permettre les quelques centaines de marks nécessaires à l'impression d'un billet spécial pour le Balkan-Zug. Les billets sont d'anciens billets de wagon-lits en allemand, avec les mots « Balkan-Express » imprimés en anglais. Il est possible que cela soit dû à une panne de la part de l'imprimeur chargé de la préparation du nouveau billet, mais cela aurait certainement été plus conforme aux méthodes allemandes si l'on avait préparé non seulement un billet élaboré mais un souvenir du voyage. Il ne faut pas oublier qu'il s'agissait du premier voyage du Balkan Express vers l'ouest, c'est-à-dire de Constantinople à Berlin, et qu'il était donc historique.

Après le banquet, je me suis promené dans la ville, puis je me suis rendu à la gare, j'ai rassemblé mes affaires et j'ai attendu. Le Balkan-Zug était en retard. La nuit était tombée sur nous avant d'arriver à la gare de Nish, un ensemble impressionnant composé de quatre voitures-lits, d'une voiture-restaurant et d'une voiture ordinaire de première et de deuxième classe. Alors qu'il entrait dans la gare, les hymnes nationaux allemand, bulgare et autrichien furent joués , et le roi Ferdinand et ses deux fils sans prétention entrèrent avant le reste des passagers. C'était un événement intéressant également pour les passagers de Constantinople, qui se penchaient par les fenêtres, très intéressés.

Le Kaiser avait disparu immédiatement après le banquet, tout comme le Kaiser disparaît toujours, soudainement et mystérieusement, sans que personne ne sache pourquoi ni où. Sans cérémonie, Sa Majesté Bulgare monta dans le train, et nous, les petits fretins, le suivions , je me sentais un peu comme le chameau dont on dit que son air hautain est le résultat de la connaissance du centième grand secret de l'Univers, tandis que l'homme n'en connaît que quatre-vingt-dix-neuf.

Au cours de la soirée, le roi Ferdinand entra sans cérémonie dans tous les compartiments du train et fit à chacun séparément quelques remarques générales. Il semblait désireux d'afficher sa personne royale. Il était un roi et un facteur dans la grande situation politique, et il semblait également déterminé à ce que personne dans les Balkans et Zoug ne soit autorisé à rester dans l'ignorance de ce fait très important.

Dans la voiture voisine de la mienne voyageait la baronne von Wangenheim , veuve du défunt ambassadeur d'Allemagne à Constantinople, et avec elle ses trois petites filles, que Ferdinand prenait sur ses genoux et caressait. Il était évident qu'il était très content de lui. Lorsqu'il s'est dandiné dans mon compartiment , nous nous sommes levés, avons claqué des talons et nous nous sommes inclinés. Il nous a gracieusement donné le consentement royal pour nous asseoir et a adressé quelques mots à un Hongrois, qui faisait partie du groupe, dans sa propre langue. Cet homme m'a dit plus tard que le roi parlait la langue hongroise comme un indigène. Il est bien connu que Ferdinand est un excellent linguiste. Les autres passagers de mon compartiment étaient deux aviateurs allemands en uniforme turc, qui, avec dix autres personnes qui se trouvaient dans le train, avaient été soudainement rappelés de Constantinople pour participer, disait-on, aux prochains raids aériens sur l'Angleterre. Ces raids, d'ailleurs, ont eu lieu comme il se doit et, selon les rapports officiels allemands, ont réduit l'Angleterre industrielle à un tas de ruines !

Le roi Ferdinand adopte une méthode de discours assez proche du Kaiser. Il accepte le Tout-Puissant comme allié. « Grâce à Dieu, dit-il, qui nous a grandement aidés, nous pouvons voyager d'Ouest en Est à travers les territoires conquis en quelques jours. Nous allons plus loin. Donnez mon salut royal à tous les habitants de votre pays d'origine. Il s'est ensuite retiré et nous nous sommes permis de détendre notre colonne vertébrale.

Sur le Balkan Express, la nourriture est infiniment meilleure que celle que l'on peut obtenir à Constantinople, à Vienne ou à Berlin. On pourrait presque dire des Allemands qu'ils ont un œil sur Dieu et l'autre sur la publicité en cas d'accident. J'étais convaincu que la nourriture à bord du Balkan Express était de qualité supérieure, simplement à des fins publicitaires. Les tickets de pain sont inconnus, et pour une somme d'argent, j'ai pris un petit-déjeuner matinal composé de café, de petits pains, de beurre et de marmelade, sans repos.

Il était environ dix heures du soir lorsque nous arrivâmes à Belgrade, ce que, comme je l'ai dit, j'avais particulièrement hâte de voir. Après m'être renseigné, j'appris que le Balkan Express devait y rester une heure et demie et, bien décidé à ne pas être déçu, je quittai la gare pour flâner dans la ville, ou plutôt dans les ruines de la ville.

On peut se faire une idée de la précision des tirs d'artillerie modernes en voyant que les artilleurs autrichiens assiégeants étaient capables de viser avec une telle précision qu'aucun obus n'était tombé sur la gare. Il ne faut pas oublier qu'ils tiraient de l'autre côté du Danube, dans sa partie la plus large. L'état-major autrichien avait manifestement compris que son armée en progression aurait besoin du chemin de fer dès que les Serbes auraient été repoussés, et sans doute l'artillerie avait-elle reçu pour instruction d'épargner à tout prix ce point important. Ce qui est remarquable, cependant, c'est que les maisons situées à quelques mètres de la gare elle-même ont été complètement détruites, et pourtant il n'y avait pas la moindre marque que j'ai pu voir sur aucun des bâtiments de la gare eux-mêmes.

Le Kaiser était déjà à Belgrade, et l'agence allemande sans fil a profité de l'occasion pour informer le monde entier que « depuis l'époque de Barberousse, qui, lors d'une croisade en Terre Sainte, organisa une revue de plus de 100 000 chevaliers allemands à Belgrade, aucun Allemand L'empereur a mis le pied sur la citadelle de Belgrade jusqu'à ce jour où l'empereur allemand est arrivé par un temps magnifique et a été accueilli par une garde d' honneur austro-hongroise et de la musique militaire, des cris et le rugissement du canon.

« L'empereur a visité le nouveau pont ferroviaire, puis s'est rendu parmi la population vêtue de façon festive, qui se déplaçait librement, puis s'est rendu à Kalimegdan , le lieu d'excursions. L'Empereur fit ensuite une revue des troupes allemandes qui passèrent le Danube, et leur adressa un discours les remerciant et les félicitant de leurs exploits extraordinaires. Le Kaiser a personnellement remis des croix de fer aux soldats.

Il me semblait que Belgrade était tombée aux mains des Huns quelques jours auparavant, et pourtant le fleuve était déjà enjambé par un magnifique nouveau pont en bois, tel qu'on ne pouvait pas le construire en quelques semaines, voire en quelques mois. . Selon toute probabilité, ce pont et bien d'autres avaient été construits il y a des années en préparation à la grande lutte dont l'Allemagne et l'Autriche seules savaient qu'elle était imminente. Ce n'était pas une solution temporaire, mais aussi efficace que les beaux ponts à chevalets américains utilisés sur les meilleurs chemins de fer américains.

Les Allemands semblaient prêts à tout ; ils sont particulièrement préparés contre l'Angleterre, leur ennemi le plus détesté. J'aimerais pouvoir amener les Anglais à réfléchir à ce fait qui, pour eux, est vital. S'il y avait eu une invasion de l'Angleterre, chose qui semble aujourd'hui heureusement impossible, la vérité aurait été rapportée dans ce pays avec une soudaineté tragique. Les Allemands étaient non seulement prêts pour la guerre, mais à mesure que la guerre progresse, ils améliorent sans cesse leur *matériel*. Partout où je suis allé, j'en ai vu des preuves.

En rentrant à la gare, venant de constater le sort terrible qui s'était abattu sur la capitale serbe, je ne pouvais m'empêcher de me demander pourquoi l'Angleterre semblait incapable d'apprécier son danger. Je pense bien sûr à la population en général, car beaucoup de hauts responsables, j'en suis convaincu, ne se font aucune illusion sur la situation politique et stratégique.

J'avais été quelque peu surpris de constater que l'accord Balkan-Zug n'avait pas reçu à Belgrade l'accueil enthousiaste habituel. Il est possible que cela soit dû à l'heure tardive de son arrivée, mais plus probablement au fait que la population civile de la ville a pratiquement cessé d'exister. Belgrade est désormais le principal quartier général autrichien sur ce front et est essentiellement une ville militaire.

Nous quittâmes la gare peu avant minuit et arrivâmes à Buda Pesth entre neuf et dix heures le lendemain matin. Dans la capitale hongroise , le Train publicitaire a reçu un accueil formidable – ovation serait un meilleur mot. A la Gare du Nord , il y avait une foule énorme, la plus grande que j'aie jamais vue dans une gare. Les Hongrois, excités, se bousculaient les uns contre les autres dans leur désir d'approcher de Zoug. Du vin fut apporté au conducteur de la machine et au pompier , et les passagers, avec leurs petits drapeaux des Balkans et de Zoug à la boutonnière de leur manteau, furent immédiatement adulés et, pour une fois au moins dans leur vie, éprouvèrent la sensation d'être des héros populaires. La foule leur tapotait le dos, insistait pour leur serrer la main, roucoulait devant eux, les chantait et riait avec une joie hystérique. Quel plaisir peut avoir un homme penché à la fenêtre d'un wagon de chemin de fer en serrant la main de parfaits inconnus, je ne peux pas le concevoir ; pourtant, cela semblait donner une intense satisfaction aux passagers et à la population.

A Buda Pesth, le Balkan-Zug a été rangé et rendu présentable. Les fenêtres étaient nettoyées par des hommes munis de petites échelles , et les compartiments et couloirs balayés. À ma grande surprise , j'ai découvert que ce travail était effectué par de grands hommes barbus en uniforme russe. J'ai parlé à un ou deux d'entre eux, mais ils parlaient très peu d'allemand. Ils expliquèrent qu'ils étaient des prisonniers russes. J'ai été surpris de constater qu'ils n'avaient avec eux aucun garde d'aucune sorte et qu'ils semblaient sans surveillance. J'en ai parlé à un autre passager, le Hongrois dont j'ai parlé plus haut, qui m'a dit que les hommes étaient entièrement livrés à eux-mêmes et qu'ils étaient trop satisfaits de leur sort pour vouloir tenter de s'échapper. Il a dit qu'ils avaient été traités avec gentillesse et qu'il a toujours exprimé sa satisfaction d'être là où ils se trouvaient, et qu'il préférait de loin cela plutôt que de retourner en Russie pour combattre. Je ne me faisais cependant aucune illusion sur ce point. Un simple soldat russe n'est pas assez stupide pour s'imaginer qu'il a la moindre chance de s'échapper d'un pays ennemi lorsqu'il ne dispose que de quelques mots de la langue en usage dans ce pays. Les Russes ont probablement trouvé que le meilleur moyen d'assurer un bon traitement était de simuler l'intégralité du contenu.

La publicité dans les trains n'a rien de particulièrement nouveau. J'ai vu cela se faire au Canada et aux États-Unis d'Amérique; mais annoncer la victoire en train est à peu près la méthode la plus convaincante que j'aie jamais rencontrée pour diffuser les splendides nouvelles. Tous ceux qui ont vu les Balkans et Zoug diront à tous qu'ils l' ont fait non pas une fois, mais à plusieurs reprises. Ces personnes, à leur tour, raconteront aux autres, brodant quelque peu l'histoire, et ainsi la balle continuera à rouler sans fin. Le Balkan-Zug est photographié et décrit dans d'innombrables journaux et apparaît sur des myriades de cartes postales. Je n'ai jamais vu un tel enthousiasme en Angleterre, sauf à propos de quelque joueur de football célèbre, idole d'une foule de cinquante ou soixante mille personnes. Il serait vain de faire une comparaison entre les méthodes allemandes et anglaises à cet égard.

A Buda Pesth, le train publicitaire se divisait en deux parties. Une autre locomotive sous pavillon apparut, comme un marié cherchant sa fiancée : dans ce cas, il ne s'agissait que d'une demi-mariée. Une moitié du train va à Berlin et l'autre moitié à Vienne. Comme j'avais pour objectif d'arriver le plus rapidement possible en Angleterre, afin de rendre compte au *Daily Mail de la santé du Kaiser et du célèbre banquet du roi Ferdinand* , je résolus d'aller à Vienne. J'étais l'un des rares passagers à se rendre dans la capitale autrichienne. Les officiers et les aviateurs se rendirent à Berlin. Ceux d'entre nous qui étaient venus de Constantinople attendaient avec impatience une nourriture quelque peu améliorée, que nous espérions obtenir à Vienne. Jusqu'à présent, la ligne nouvellement ouverte vers Constantinople n'a eu que le temps d'emprunter la Balkan-Zug et les trains militaires transportant des fournitures, des hommes et des munitions pour Bagdad, le Caucase ou les entreprises égyptiennes, peut-être pour tous. Mon dernier aperçu de la moitié berlinoise des Balkans-Zug fut celui de la masse encore hystérique de gens qui s'efforçaient d'acheter les petits drapeaux que portaient les passagers. Plus tard, à Vienne, on m'a proposé 20 couronnes (environ 16 shillings) pour le mien, mais j'ai refusé. Par la suite, on m'a proposé une somme beaucoup plus importante.

Pendant le voyage à Vienne, j'ai parlé avec un monsieur turc, sa femme et sa fille. J'ai été très amusé d'apprendre que, bien que les femmes aient quitté Constantinople voilées et habillées en costume oriental, dès qu'elles ont traversé la frontière, elles ont toutes deux revêtu des vêtements européens et laissé tomber le voile. Ils estimaient que maintenant que les Allemands avaient ouvert la Turquie avec le fameux chemin de fer, la situation de semi-famine à Constantinople cesserait. Personnellement, j'avais des doutes que je me suis abstenu d'exprimer avec tact.

J'avais vu l'Allemagne en temps de guerre et visité plusieurs de ses principales villes, et je savais que, quoi que disent les journaux allemands au monde, il n'y a aucun excédent de nourriture dans aucune partie du pays que j'avais visité. Le vieux monsieur turc était astucieux et bon, et il exprima ses regrets de la fermeture de toutes les écoles françaises à Constantinople. Il informa spontanément que, pour que son fils n'absorbe pas les principes du militarisme allemand, il l'avait envoyé faire ses études dans une école en Suisse romande.

Vienne a réservé au train ce que les journaux appellent un accueil enthousiaste. Même l'esprit officiel a cédé devant lui, et les agents des douanes et autres fonctionnaires nous ont épargné l'examen et l'interrogatoire habituels. Même nos passeports n'ont pas été examinés . J'en suis venu à la conclusion qu'il y avait une grande vertu à voyager sur le premier Balkan-Zoug allant de Constantinople à Vienne. Mais connaissant les habitudes des autorités militaires dans la zone de guerre et sachant que je serais obligé plus tard de prouver mon arrivée à Vienne, j'insistai pour que mes papiers soient visés par les autorités militaires à la gare.

A Vienne, les billets étaient retirés aux passagers à leur sortie de la gare. J'avais décidé de faire un grand effort pour conserver le mien, de tous mes papiers le plus important après mon passeport. Alors que j'allais franchir la barrière, un fonctionnaire m'a tendu la main pour récupérer mon billet. Je lui expliquai que, ayant été passager du Balkan Express, je tenais à le conserver pour des raisons sentimentales. J'ai doré mes propos d'un pourboire de cinq couronnes , ce qui a semblé le satisfaire, car il a très gentiment arraché une partie du billet et m'a rendu le reste. Sans cette vénalité officielle, je n'aurais pas pu reproduire dans ce volume ce précieux témoignage.

Mon voyage de Vienne à Constantinople en passant par Bucarest avait duré cinq jours. L'ouverture de la ligne directe Vienne-Constantinople réduit ce délai à deux nuits et deux jours, soit 50 heures pour être exact. Aujourd'hui encore , le train arrive aux différentes gares avec une ponctualité remarquable, toujours dans les cinq minutes de l'heure prévue, ce qui est en soi un triomphe pour l'organisation allemande .

CHAPITRE XII

LA RIGURATION À LA FRANÇAISE

Je quitte Vienne — Je reçois l'ordre de repartir — Je risque de poursuivre mon voyage — Un sympathique officier hongrois — Au-delà de la frontière suisse — Ma franchise Ma perte — Le super-fonctionnaire français — Je suis détenu quelque part en France — Mes protestations infructueuses — Je suis Soupçonné de la peste – Laissé sur place – *Le Daily Mail* à la rescousse – De nombreuses excuses – Je me rends à Paris – « Vous ne convaincrez jamais l'Angleterre » – Londres enfin – Reposez-vous.

Je n'avais que quatre heures à Vienne, et pendant ce temps il y avait beaucoup de choses à faire, que je ferais mieux de ne pas détailler ici, de peur de causer des ennuis à quelqu'un. Le train pour Feldkirch , gare à la frontière austro-suisse d'où j'étais parti quelques semaines auparavant, était sur le point de démarrer lorsque je montai dans la voiture, mon bagage à main étant rangé derrière moi.

Je commençais à respirer plus librement maintenant que j'étais en route vers un pays neutre. Au bout d'une heure environ, alors que je me sentais vraiment en droit de me féliciter d'être pratiquement en sécurité, un fonctionnaire est entré dans mon compartiment du train, demandant à voir le passeport de chaque passager. Il examina le mien avec cette lente et irritante délibération particulière à ces fonctionnaires, et, levant brusquement les yeux, il dit :

"Cela n'a pas été signé par la police."

"Quelle police?" J'ai demandé.

« La police de Vienne », a-t-il répondu.

"Ce n'est sûrement pas nécessaire", ai-je remarqué. «Je ne suis arrivé par le Balkan Express qu'à trois heures et j'ai fait tamponner mon passeport à la gare.» On se souvient que j'avais insisté pour que cela se fasse, prévoyant d'éventuelles difficultés.

« Je crains, dit-il, que vous deviez descendre à la prochaine gare et rebrousser chemin. » Il était extrêmement poli, mais très ferme.

Je lui dis que je revenais d'une visite très importante et je lui montrai le document que j'avais obtenu au War Office (le Kriegsministerium Pressbureau) à Vienne, et qui avait déjà maintes fois sauvé la situation.

"Eh bien, si vous pouvez satisfaire les autorités frontalières", a-t-il répondu, "je n'ai rien à dire".

Je suis devenu très inquiet, mais j'ai décidé de continuer. Ce serait en effet ironique si j'étais découvert en toute sécurité. Je dormis très peu cette nuit-là et lorsque nous arrivâmes à Feldkirch , le lendemain après-midi, je me préparai à une lutte finale avec les autorités. J'ai regardé autour de moi avec anxiété pour voir si le fonctionnaire que j'avais rencontré dans le train était arrivé à Feldkirch, et j'ai été très soulagé de ne pas le voir nulle part .

Nous fûmes tous introduits dans une grande salle d'attente , la même salle d'attente dans laquelle j'étais entré quelques semaines auparavant au moment de partir en voyage. Un à un, les autres passagers furent admis dans la pièce voisine, comme ils l'avaient été précédemment, et à la même table se trouvaient cinq officiers militaires, fumant et assis pour juger. En entrant dans la pièce, je me sentais comme un prisonnier montant les marches jusqu'au quai d'Old Bailey pour recevoir sa sentence.

Cependant, la chance qui m'a accompagné tout au long de mon voyage ne m'a pas abandonné au dernier moment, car mon officier d'examen était un jeune Hongrois très sympathique, très intéressé par le récit de mon voyage et par ce que j'avais vu à Constantinople. , qu'il a soumis mes papiers à un examen très superficiel. Les papiers eux-mêmes étaient , grâce à mes précautions minutieuses, en parfait état, à l'exception de l'absence de suscription ridicule et inutile de la police de Vienne. Ce jeune officier m'a ensuite accompagné jusqu'au train, m'a donné sa carte et m'a demandé de le rechercher la prochaine fois que j'étais à Buda Pesth . Inutile de dire que je ne le ferai pas, mais il n'était pas du tout responsable de m'avoir laissé passer. Le pire qu'il aurait pu faire aurait été de me renvoyer à Vienne pour que mon passeport soit signé par la police, et mon ami le Hofrat aurait veillé à ce qu'aucune difficulté ne surgisse de ce côté.

Une fois passé la frontière à Buchs en Suisse, j'ai respiré comme on peut s'attendre à ce qu'un prisonnier respire après avoir recouvré sa liberté. Pendant sept semaines, j'avais été constamment en danger d'être découvert, et pendant ce temps j'avais été forcé d'agir et de me dissimuler, et de toujours me surveiller ainsi que les autres, de peur qu'une de mes remarques fortuites n'éveille des soupçons dans l'esprit de ceux qui m'entouraient. La tension mentale avait été énorme et cela avait réagi sur le corps, car pendant ces sept semaines, j'avais perdu plus d'une pierre de poids.

Je ne pense pas que je sois un lâche, du moins pas plus lâche que l' homme moyen , mais j'étais très heureux de me retrouver à nouveau en sécurité. Personne qui n'a pas vécu une expérience comme la mienne ne peut comprendre le sentiment d'exaltation et de plaisir qui accompagne le fait de savoir qu'il est enfin un homme absolument libre.

Mon voyage de Constantinople en Suisse avait probablement établi un record, au moins depuis le début de la guerre ; mais hélas! mes progrès futurs ne devaient pas être si rapides. Les fonctionnaires de la frontière française étaient bien plus exigeants que ceux du pays ennemi par où j'avais traversé, et je leur rends volontiers cet hommage quant à leur efficacité, même si en même temps je voudrais qu'ils sachent qu'ils m'ont causé des inconvénients considérables. . A Berne, j'ai dû attendre quatre heures le train, qui ne va plus directement à Paris, les passagers devant changer à Pontarlier . La fois précédente, lorsque j'avais emprunté cette voie, le train était allé directement de Berne à Paris. La raison de ce changement que j'ai découvert était qu'il avait été découvert que des espions cachaient des documents dans les voitures avant d'être personnellement examinés, et lorsqu'ils étaient « dépassés », ils récupéraient leurs papiers manquants et continuaient le voyage avec les documents sur eux. Les autorités ont donc eu la sagesse de faire en sorte que les passagers changent de train à Pontarlier, à la frontière franco-suisse. On verra que l'habileté et la subtilité ne sont pas le monopole des Allemands.

A une époque, Pontarlier avait l'air d'être le Waterloo de mon petit voyage. Par certains moyens - que je n'ai pas l'intention de divulguer - je m'étais mis en mesure de pouvoir vérifier chaque étape de mon voyage par des documents que j'avais l'intention de produire au cas où les Allemands niaient la véracité de mes déclarations, ou si mon la véracité soit remise en question dans d'autres milieux. Connaissant les Allemands comme je les connais, je suis convaincu que le Dr Hammann , le chef du Bureau de presse allemand, adopterait l'une des deux voies suivantes. Soit il interdirait la publication dans les journaux allemands d'un seul mot de mon histoire, soit il contesterait franchement son exactitude. Apparemment, il a choisi la première solution, car aucun mot à ce sujet n'est apparu dans aucun journal allemand, ni autrichien d'ailleurs, dont la plupart sont à ma connaissance. Les récits allemands du banquet de Nish représentent le Kaiser comme de bonne humeur. Quelle parodie de vérité !

Comme j'étais maintenant en France et conscient de mes propres sympathies pour les Alliés, j'ai pensé qu'il n'y aurait aucun mal à divulguer l'ensemble de mes documents. Aussi, lorsque vint mon tour d'être interrogé par le *commissaire* , je dis tout de suite que j'étais de Constantinople. Au lieu d'être salué comme un héros, on m'a fait comprendre, quoique poliment, que j'avais très probablement adopté cette façon de montrer tous mes papiers parce que j'étais non seulement un espion, mais un super-espion, qui avait conçu le brillant l' idée que le meilleur moyen de contourner les autorités françaises était d' adopter une attitude d' une candeur colossale . En vain j'ai protesté et protesté. C'est en vain que je lui faisais remarquer qu'il était indispensable que j'arrive à Londres avec la plus grande célérité possible. J'ai suggéré que s'ils se méfiaient de moi, ils pourraient envoyer avec moi un fonctionnaire, tous les fonctionnaires qu'ils possédaient d'ailleurs, dont je paierais les frais à Paris, où ils pourraient facilement s'assurer au bureau parisien du *Daily Mail* que j'étais ce que je voulais. je me présentais comme étant. Parlez de minutie allemande, de prudence allemande et de patriotisme allemand ! Les Allemands ont beaucoup à apprendre de ces fonctionnaires français excessivement courtois mais sévères , que ne parviennent pas à convaincre les flatteries qui vont si loin en Allemagne. Si le fonctionnaire que j'avais rencontré pensait que j'étais un super-espion, je suis convaincu qu'il était un super-fonctionnaire. Maintenant que tout est fini, je n'ai pour lui que de l'admiration, mais sur le moment, sa courtoisie persistante me faisait sentir que j'aurais envie de le frapper.

Rien ne le satisferait sinon que je sois déshabillé , et il me l'a transmis dans la phraséologie la plus courtoise, à laquelle j'ai suggéré avec une certaine acerbe qu'il serait toujours courtois même s'il me conduisait à la guillotine ! Néanmoins , je devais être dépouillé.

Ma collection de papiers, qui s'est avérée une source d'un tel intérêt pour tant de personnes distinguées et haut placées dans ce pays, a été minutieusement examinée, et certaines cartes et autres documents importants, dont l'intérêt est plutôt militaire que journalistique, m'ont été temporairement retirés. . J'étais dans une panique d'anxiété. Les minutes passaient et l'heure du départ du train parisien approchait. J'ai supplié les autorités de téléphoner à Paris, et c'est alors qu'elles ont joué leur atout. Ils m'ont laissé entendre que, voyant que j'étais passé par l'Autriche et comprenant que la peste était répandue en Hongrie, ils se sont sentis obligés de me retenir pour un examen médical le lendemain matin. Il était alors minuit. Ni mes protestations ni mes supplications ne produisirent le moindre effet sur le Français impassible et poli. Je crois sincèrement que s'il n'y avait pas eu de peste en Hongrie comme excuse pour ma détention, ils m'auraient fait examiner pour la fièvre aphteuse, la morve ou la peste bovine. L'un des moments les plus angoissants de ma vie a été lorsque j'ai entendu le express de Paris sortir lentement de la gare. Moi, de tous les passagers, étant le seul resté, et moi de tous les passagers, celui qui était le plus pressé d'arriver à Paris.

Bientôt, la philosophie m'est venue en aide et j'ai expliqué à quel point cela ressemblait à la vie. Après les nombreux risques que j'avais courus dans des pays ennemis, où je n'avais même jamais été détenu par les autorités, me voici, dès mon arrivée sur ce qui aurait dû être un sol ami, étant interrogé, contre-interrogé et réinterrogé encore et encore. encore une fois par des fonctionnaires dont chaque mot évoquait la suspicion. J'avais été à la hauteur de tous les examens antérieurs auxquels j'avais été soumis , et me voilà bloqué au moment même de ma réussite dans le pays d'un des Alliés pour lequel j'avais tant d'admiration. " *Gott je suis Himmel !* "J'ai marmonné," épargne -moi de mes amis.

Quelques minutes après le départ du train , je reçus de Paris une réponse téléphonique garantissant mon intégrité, accompagnée d'une demande de me donner toutes les facilités possibles. Cela a produit une *volte-face officielle* . La courtoisie est restée la même, mais des excuses complètes et adéquates ont été présentées. Les autorités françaises semblaient véritablement affligées des désagréments qu'elles m'avaient causés. En effet, rien de plus aimable et plus courtois que le traitement que j'ai reçu à Pontarlier . Malgré le retard que m'avaient causé ces hommes, je les respectais pour leur minutie. Il vaut mieux, en temps de guerre , pécher par excès de prudence, s'il doit y avoir erreur.

Je doute que j'aurais pu écrire ces mots amicaux à l'époque. Je me sentais trop irrité pour reconnaître la vertu chez qui que ce soit, encore moins chez un fonctionnaire français. Il n'y avait pas de train avant cinq heures le lendemain après-midi, et c'était, m'a -t-on dit , un train omnibus, s'arrêtant à toutes les gares entre Pontarlier et Dijon.

En le prenant plutôt qu'en attendant le prochain express, m'a-t-on dit, je gagnerais deux heures sur la route de Paris. L'hôtel de la Poste, à Pontarlier , dormait depuis longtemps, mais je l'ai réveillé, ravi de pouvoir gêner quelqu'un d'autre, et j'ai passé une misérable nuit de chagrin et d'inquiétude. Y aurait-il d'autres difficultés ? Dois-je un jour aller à Londres ? Dois-je, pour une raison quelconque, être détenu à Paris ? Il faut se rappeler que j'avais une belle histoire qui me brûlait la tête. Nul autre qu'un journaliste ne peut comprendre cet instinct qui pousse un homme qui a obtenu une « bonne copie » à se précipiter vers le point le plus proche où cette copie peut être imprimée.

Seuls ceux qui ont circulé en temps de guerre avec des documents et des cartes en leur possession ont la moindre idée des difficultés qui se posent avec les autorités, qui ont naturellement toutes les raisons de se méfier.

C'est à trois heures de l'après-midi du 25 janvier , exactement une semaine après le banquet historique de Nish, que j'atteignis Londres et que je me dirigeai sans arrêt vers les bureaux du *Daily Mail* , où j'avais à peine assez de force pour écrire le récit de ma rencontre avec le Kaiser à Nish. Je me suis ensuite dirigé vers mon hôtel, j'ai profité d'un bain luxueux et d'un long, très long sommeil. J'étais complètement épuisé.

Il faut se rappeler que j'avais voyagé sans interruption pendant une semaine, c'est-à-dire depuis le soir du banquet de Nish, le 18 janvier , jusqu'à trois heures de l'après-midi du 25. En Serbie et en Autriche, tous les wagons-lits avaient été réquisitionnés par les autorités, ce qui ajoutait beaucoup aux fatigues du voyage ; mais j'eus la satisfaction de savoir que j'avais exécuté mes instructions et que j'avais rapporté ce qu'on m'avait dit de rapporter : une histoire vivante.

J'ai eu la satisfaction d'ouvrir les yeux du public britannique sur l'étrange migration des Allemands vers le Proche-Orient. Je peux leur dire avec une conviction, qui est pour moi presque passionnée, qu'à moins que les Alliés n'obtiennent une victoire écrasante, l'occupation allemande de l'Asie Mineure menacera l'emprise de l'Angleterre sur l'Inde, l'emprise de l'Angleterre sur l'Égypte, la sécurité russe dans le Caucase et ouvrira à l'Allemagne un vaste grenier qui détruira complètement les effets du blocus britannique et modifiera toute l'histoire du monde. Je ne suis pas un alarmiste, je suis un journaliste qui a vu beaucoup de choses étranges, des choses qu'aucun autre homme, qu'il s'agisse d'une puissance neutre ou de l'Entente, n'a vu, et étant journaliste, je comprends dans une certaine mesure la relation de cause à effet. « Vous ne convaincrez jamais l'Angleterre de son danger », m'a récemment fait remarquer quelqu'un. "Mais pourquoi?" J'ai demandé; « Quel but puis-je avoir à exagérer ou à mentir ? Je ne suis pas un homme politique, je ne suis même pas un Anglais, et je ressens certainement très profondément le danger que court la cause de l'Entente, en raison de l'apathie qui semble s'être abattue sur certaines couches de l'opinion publique.» La réponse de mon ami fut un sourire.

Ce fut également un grand plaisir pour moi de montrer comment un journal hautement organisé peut constituer un moyen efficace d'obtenir des informations pour une nation en guerre. La police de ce pays reconnaît depuis longtemps la valeur de la presse dans la détection des délits, et je pense que le gouvernement aura désormais le même respect pour le journaliste que pour l'agent des services secrets, même s'il est honoraire. Je connais au moins un journal qui dispose d'une organisation des plus merveilleuses dans les pays ennemis pour sécuriser l'information, et cette organisation n'est surpassée par aucun gouvernement des puissances de l'Entente .

Un mot d'avertissement aux responsables britanniques occupant actuellement des postes de consuls et de ministres. Ils doivent comprendre que cette guerre concerne l'existence même de leur pays et ils ne doivent pas se laisser berner par des déclarations mensongères parues dans la presse. Un éminent diplomate anglais en poste dans un pays neutre, un homme dont le nom est bien connu dans le monde diplomatique, me disait il y a seulement quelques semaines : « Et ces idiots d'Allemands pensent-ils vraiment qu'ils vont gagner ? et sa remarque était accompagnée d'un sourire supérieur et incrédule.

"Eh bien, bien sûr, ils le font", répondis-je, "et à moins que l'Angleterre ne se réveille, peut-être qu'ils le feront." Je me sentais ennuyé par cet homme.

CHAPITRE XIII

LA MENACE ALLEMANDE

Après réflexion – Le grand facteur – Le service national –
Les faux idéaux quant au soldat allemand – Le danger de
sous-estimer les ressources de l'Allemagne – Les aides de la
Grande-Bretagne – Écraser les Allemands – « Attendez
d'arriver en Angleterre ».

Maintenant que je suis de retour à Londres, méditant tranquillement sur mes expériences récentes, je ne peux m'empêcher de me sentir mal à l'aise. Je revois dans mon esprit, comme si j'étais assis devant un spectacle de cinématographe , ces milliers de jeunes Allemands à l'air robuste en route vers le Proche-Orient. Je vois les magnifiques nouveaux ponts et les tunnels reconstruits en Serbie. J'entends la foule dans différentes gares applaudir le Balkan Express qui rentre à Berlin. « Les gens de ce pays, me demande-je, sont-ils pleinement conscients de la gravité de la situation actuelle ? Le gouvernement de ce pays se rend-il pleinement compte qu'à moins que la flotte britannique ne montre sa puissance en coupant ce qui constitue la nourriture de la machine de guerre allemande, la guerre elle-même ne pourra pas être menée à bien ?

De grands changements se sont produits depuis mon départ de Londres début novembre. A mon retour, je constate que le service national a été adopté par le gouvernement et accepté par le peuple. Pour moi, c'était la meilleure nouvelle que j'avais entendue depuis plusieurs mois. Un pas de plus vers la victoire, me suis-je dit.

Le peuple britannique a enfin compris que le fait d'être contraint de défendre son pays de naissance n'est pas une honte, et il a appris que cela ne menace en rien sa liberté personnelle. Les Français et les Néerlandais, pour ne citer que deux pays réputés pour leur amour de l'indépendance et de la liberté, n'ont jamais considéré et ne considéreront jamais comme contraire à leur liberté d'être obligés d'apprendre à se défendre en cas de besoin. Un Anglais ne considère pas comme une honte d'être obligé de payer ses impôts et ses impôts ; pourquoi devrait-on considérer comme autre chose qu'un honneur , et un très grand honneur , d'être obligé de défendre la plus grande liberté que les sujets d'un pays aient jamais connue : donner sa vie pour sa patrie ?

L'adoption du National Service Scheme m'a causé la plus vive satisfaction possible, mais il existe encore un autre danger auquel doivent faire face, non seulement le peuple britannique, mais le gouvernement britannique lui-même ; c'est-à-dire la sous-estimation de la puissance et des ressources de la menace allemande. Les déclarations trompeuses qui ont paru l'année dernière dans de nombreux journaux anglais, selon lesquelles les hommes de cinquante ans et les garçons de quinze ans sont envoyés au front en raison de l'épuisement de la main-d'œuvre allemande, ont fait un mal incalculable en convaincant des milliers de personnes. que la fin de la guerre est proche et que la fin sera la victoire des puissances de l'Entente. Les Allemands se battent depuis dix-huit mois et ils sont très loin d'être vaincus.

On peut, à son entière satisfaction, conclure qu'avec le printemps et des munitions suffisantes, la résistance allemande va s'effondrer. La résistance allemande ne s'effondrera jamais ; il mènera une campagne défensive aussi fine qu'il a mené une série de campagnes offensives. Sous -estimer un ennemi, c'est compromettre ses propres chances de victoire.

Peu après mon retour en Angleterre, je parlais avec un Français qui vivait dans ce pays depuis quelque temps. Il semblait convaincu que les Allemands n'avaient que des vieillards et des garçons dans les tranchées en France et qu'ils n'étaient qu'une simple armée de lâches.

« S'il en est ainsi, répondis-je, s'ils sont réellement une armée de lâches qui jettent les armes et lèvent la main dès qu'ils sont attaqués, alors pourquoi la glorieuse armée française ne les rejette-t-elle pas à travers le pays ? Rhin?"

A cela, mon ami ne répondit rien. Je raconte cet incident simplement pour montrer combien de gens excellents s'hypnotisent et croient que les Allemands sont des lâches. Tout « Tommy » britannique qui a participé à une attaque contre les tranchées allemandes ou qui a contribué à maintenir les lignes contre une attaque allemande me confirmera à mon avis que les Allemands sont en effet très loin d'être des lâches.

Cela ne servira à rien aux Alliés de sous-estimer la ruse et l'efficacité allemandes. Je crois fermement qu'à long terme, la Grande-Bretagne peut résister bien mieux que ses ennemis ; mais la Grande-Bretagne ne combat pas seule, elle doit penser à la France, à la Russie et à l'Italie, et terminer ce combat avec la plus grande célérité possible.

Il incombe à ce pays de déployer toute sa virilité et de mobiliser toutes ses ressources pour la grande lutte qui se profile à très court terme. Bref, tous doivent prendre conscience du grand danger allemand. Fini les gants pour enfants ! Fini toute pensée sur la Convention de La Haye ! Combattez l' animal sauvage, imprudent et féroce qui s'est déchaîné sur l'Europe, combattez-le avec toutes les armes à votre disposition ! Si la Grande-Bretagne permet à cet animal de le conquérir, il n'y aura pas de pitié et le glorieux Empire britannique appartiendra au passé . Ces milliers et milliers de jeunes hommes de l'Empire venus des quatre coins du monde qui sont morts sur les champs de bataille de France et de Gallipoli ne seront alors pas morts en vain, et le monument le plus glorieux à la mémoire de ces héros tombés au combat sera l'intégralité défaite du brutal Hun.

Ce n'est pas le moment de rechercher la gloire personnelle, mais c'est le moment de rechercher l'efficacité, que ce soit sur les champs de bataille ou sur les bancs du gouvernement à la Chambre des communes.

Les Britanniques, ainsi que les neutres, qui aiment ce cher vieux pays et tout ce qu'il représente devraient tout donner pour écraser l'Allemagne. Les erreurs qui ont été commises sont pour la plupart des erreurs presque excusables. Personne ne peut s'attendre à ce qu'un pays qui a toujours été antimilitariste puisse se transformer en peu de temps en une puissance militaire hautement organisée . Les Allemands eux-mêmes ont mis une quarantaine d'années pour y parvenir. Je le répète , l'Allemagne est encore très loin d'être battue. Personnellement, je crois fermement à la victoire finale des Alliés, mais seulement si chacun, selon ses capacités, met dans la balance le poids de son influence, de son argent ou de sa vie. Alors, et alors seulement, nous verrons la machine de guerre allemande s'effondrer, une partie après l'autre, et une fois de plus, la paix sera rétablie dans une Europe déchirée par les conflits et trempée de sang.

La France, la Russie et l'Italie ne sont que des aides de la Grande-Bretagne. La Grande-Bretagne est le véritable adversaire du militarisme allemand. Elle est le grand entrepôt d'où jaillissent les approvisionnements et les munitions, et sans lequel ses alliés ne peuvent pas continuer la lutte. C'est elle qui est destinée à être le principal facteur d'écrasement de l'ambition allemande et de sa soif folle de domination mondiale . L'Allemagne est au siècle présent ce que Napoléon fut au siècle dernier : une menace pour l'indépendance individuelle et nationale. On a vu ce que la culture allemande a fait pour la Belgique et la Serbie. "Attendez que nous arrivions en Angleterre!" C'est une remarque que j'ai entendue des lèvres allemandes, prononcée sur un ton si significatif, si sinistre, que j'en ai involontairement frémi.